LA COMTESSE
DE CHARNY

PAR

ALEXANDRE DUMAS.

9

PARIS
ALEXANDRE CADOT, ÉDITEUR,
37, RUE SERPENTE.

1853

LA COMTESSE DE CHARNY.

Ouvrages du Marquis de Foudras.

EN VENTE.

Le Chevalier d'Estagnol	6 vol
Diane et Vénus	4 vol.
Madeleine Repentante (*suite du Caprice*) . . .	4 vol.
Un Caprice de grande dame (in-18)	3 vol.
Un Capitaine de Beauvoisis	4 vol.
Jacques de Brancion	5 vol.
Les Gentilshommes chasseurs	2 vol.
Les Viveurs d'autrefois	4 vol.
Les Chevaliers du Lansquenet	10 vol.
Madame de Miremont	2 vol.
Lord Algernon (*suite de madame de Miremont*) .	4 vol.
Lilia la Tyrolienne (*épuisé*)	4 vol.
Tristan de Beauregard (*épuisé*)	4 vol.
Suzanne d'Estouville (in-18)	2 vol.
La comtesse Alvinzi	2 vol.
Le Capitaine La Curée	4 vol.

Sous presse.

Tout ce qui reluit n'est pas or.
Un Amour de vieillard.

Ouvrages de A. de Gondrecourt.

EN VENTE.

Aventures du Chevalier de Pampelonne .	5 vol.
La Tour de Dago	5 vol.
Le Bout de l'oreille	7 vol.
Le Légataire	2 vol.
Les Péchés mignons	5 vol.
Médine	2 vol.
La Marquise de Candeuil	2 vol.
Un Ami diabolique	3 vol.
Les derniers Kerven	2 vol.

Sous presse.

Les Prétendants de Catherine.
Le Capitaine Lagazette.
Mademoiselle de Cardonne.

Ouvrage d'Alexandre Dumas.

LA COMTESSE DE SALISBURY.

6 volumes in-8.

On vend séparément les derniers volumes pour compléter la première édition.

Imprimerie de E Dépée, à Sceaux.

LA COMTESSE

DE CHARNY

PAR

ALEXANDRE DUMAS.

9

PARIS
ALEXANDRE CADOT, ÉDITEUR,
37, RUE SERPENTE.
—
1853

I

Double vue.

Le 19 juin suivant, vers huit heures du matin, Gilbert se promenait à grands pas dans son logement de la rue Saint-Honoré, allant, de temps en temps, à la fenêtre, et se penchant en dehors comme un homme qui attend avec impatience quelqu'un qu'il ne voit point arriver.

Il tenait à la main un papier plié en quatre, avec des lettres et des cachets transparaissant de l'autre côté de la page où ils étaient imprimés. C'était, sans doute, un papier de grande importance, car deux ou trois fois, pendant ces anxieuses minutes de l'attente, Gilbert le déplia, le lut, le déplia de nouveau, le relut et le replia, pour le rouvrir et le replier encore.

Enfin, le bruit d'une voiture s'arrêtant à la porte le fit courir de plus belle à la fenêtre ; mais il était trop tard : celui qu'avait amené la voiture était déjà dans l'allée.

Cependant, Gilbert ne doutait apparemment pas de l'identité du personnage, car, poussant la porte de l'antichambre :

— Bastien, dit-il, ouvrez à M. le comte de Charny, que j'attends.

Et une dernière fois il déplia le papier, qu'il était en train de lire, lorsque Bastien, au lieu d'annoncer le comte de Charny, annonça :

— M. le comte de Cagliostro.

Ce nom était, à cette heure, si loin de la pensée de Gilbert, qu'il tressaillit comme si un éclair lui annonçant la foudre venait de passer devant ses yeux.

Il replia, vivement le papier, qu'il cacha dans la poche de côté de son habit.

— M. le comte de Cagliostro ? répéta-t-il, encore tout étourdi de l'annonce.

— Eh, mon Dieu ! oui, moi-même, mon cher Gilbert, dit le comte. Ce n'était pas moi que vous attendiez, je le sais bien ; c'était M. de Charny... mais M. de Charny est occupé, je vous dirai à quoi tout à l'heure... de sorte qu'il ne pourra guère être ici que dans une demi-heure. Ce que voyant, ma foi, je me suis dit: « Puisque je me trouve dans le quartier, je vais monter un instant chez le docteur Gilbert. » J'espère que, pour n'être pas attendu de vous, je n'en serai pas moins bien reçu.

— Cher maître, dit Gilbert, vous savez qu'à toute heure du jour et de la nuit, deux portes vous sont ouvertes ici: la porte de la maison, la porte du cœur.

— Merci, Gilbert; un jour, il me sera donné, à moi aussi peut-être, de vous prouver à quel point je vous aime. Ce jour venu, la preuve ne se fera pas attendre... Maintenant, causons.

— Et de quoi? demanda Gilbert en

souriant, — car la présence de Cagliostro lui annonçait toujours quelque nouvel étonnement.

— De quoi? répéta Cagliostro ; eh bien, mais de la conversation à la mode... du prochain départ du roi.

Gilbert se sentit frissonner de la tête aux pieds ; mais le sourire ne disparut pas un instant de ses lèvres, et, grâce à la force de sa volonté, s'il ne put empêcher la sueur de perler à la racine de ses cheveux, il empêcha du moins la pâleur d'apparaître sur ses joues.

— Et, comme nous en aurons pour quelque temps, attendu que la matière prête, continua Cagliostro, je m'assieds.

Et Cagliostro s'assit, en effet.

Au reste, le premier mouvement de terreur passé, Gilbert réfléchit que, si c'était un hasard qui avait amené Cagliostro chez lui, c'était du moins un hasard providentiel; Cagliostro, n'ayant pas l'habitude d'avoir des secrets pour lui, allait, sans doute. lui raconter tout ce qu'il savait de ce départ du roi et de la reine dont il venait de lui dire un mot.

— Eh bien, ajouta Cagliostro, voyant que Gilbert attendait, c'est donc décidé pour demain?

— Très cher maître, dit Gilbert, vous savez que j'ai l'habitude de vous laisser dire jusqu'au bout; même lorsque vous errez, il y a toujours, pour moi, quelque chose à apprendre, non-seulement dans un discours, mais encore dans une parole de vous.

— Et où me suis-je trompé, jusqu'à présent, Gilbert? dit Cagliostro. Est-ce quand je vous ai prédit la mort de Favras, que j'ai, cependant, au moment décisif, fait, moi, tout ce que j'ai pu pour empêcher? Est-ce quand je vous ai prévenu que le roi lui-même intriguait contre Mirabeau, et que Mirabeau ne serait pas nommé ministre? Est-ce quand je vous ai dit que Robespierre relèverait l'échafaud de Charles 1ᵉʳ, et Bonaparte le trône de Charlemagne? Quant à cela, vous ne pouvez m'accuser d'erreur, car les temps ne sont point encore révolus, et, de ces choses, les unes appartiennent à la fin de ce siècle-ci, et les autres au commencement du siècle prochain. — Or, aujourd'hui, mon cher Gilbert, vous savez mieux que personne que je dis la vérité en vous disant que le roi doit fuir pendant la nuit de demain, puisque vous êtes un des agents de cette fuite.

— S'il en est ainsi, dit Gilbert, vous n'attendez pas de moi que je vous l'avoue, n'est-ce pas?

— Eh! qu'ai-je besoin de votre aveu?

Vous savez bien non-seulement que *je suis celui qui est*, mais encore que *je suis celui qui sait.*

— Mais, si vous êtes celui qui sait, dit Gilbert, vous savez que la reine a dit hier à M. de Montmorin, à propos du refus que madame Elisabeth a fait d'assister dimanche à la Fête-Dieu : « Elle ne veut pas venir avec nous à Saint-Germain-l'Auxerrois ; elle m'afflige ! elle pourrait bien, cependant, faire au roi le sacrifice de ses opinions. » Or, si la reine va dimanche avec le roi à l'église Saint-Germain-l'Auxerrois, ils ne partent point cette nuit, ou ne partent pas pour un long voyage.

— Oui, mais je sais aussi, répondit

Cagliostro, qu'un grand philosophe a dit : « La parole a été donnée à l'homme pour déguiser sa pensée. » Or, Dieu n'est pas assez exclusif pour avoir fait à l'homme seul un don si précieux.

— Mon cher maître, dit Gilbert, essayant toujours de demeurer sur le terrain de la plaisanterie, vous connaissez l'histoire de l'incrédule apôtre?

— Qui commença de croire lorsque le Christ lui eut montré ses pieds, ses mains et son côté... Eh bien! mon cher Gilbert, la reine, qui est habituée à toutes ses aises, et qui ne veut pas être privée de ses habitudes pendant son voyage, quoiqu'il ne doive durer, si le calcul de M. de Charny est juste, que trente-quatre ou trente-cinq heures, la reine a commandé chez Desbrosses, rue Notre-Dame-des-Victoires, un charmant nécessaire tout en vermeil qui est censé destiné à sa sœur l'archiduchesse Christine, gouvernante des Pays-Bas. Le nécessaire, achevé hier matin seulement, a été porté hier soir aux Tuileries ; —voilà pour les mains. — On part dans une grande berline de voyage, spacieuse, commode, où l'on tient facilement six personnes ; elle a été commandée à Louis, le premier carrossier des Champs-Elysées, par M. de Charny, qui est chez lui dans ce moment-ci, et qui lui compte cent vingt-cinq louis, c'est-à-dire la moitié de la somme convenue ;

on l'a essayée hier en lui faisant courir la poste à quatre chevaux, et elle a parfaitement résisté; aussi le rapport qu'en a fait M. Isidore de Charny a-t-il été excellent;—voilà pour les pieds. — Enfin, M. de Montmorin, sans savoir ce qu'il signait, a signé ce matin un passeport pour madame la baronne de Korff, ses deux enfants, ses deux femmes de chambre, son intendant et ses trois domestiques. Madame de Korff, c'est madame de Tourzel, gouvernante des enfants de France; ses deux enfants, c'est Madame Royale et monseigneur le Dauphin; ses deux femmes de chambre, c'est la reine et madame Elisabeth; son intendant, c'est le roi; enfin, ses trois domestiques, qui doivent, habillés en courriers, précéder et accompagner la voiture, c'est M. Isidore de Charny, M. de Malden et M. de Valory. Ce passeport, c'est le papier que vous teniez quand je suis arrivé, que vous avez plié et caché dans votre poche en m'apercevant, et qui est conçu en ces termes.

« DE PAR LE ROI,

« Mandons de laisser passer madame la baronne de Korff, avec ses deux enfants, *une femme*, un valet de chambre et trois domestiques.

« Le ministre des affaires étrangères,

« MONTMORIN. »

Voilà pour le côté. — Suis-je bien informé, mon cher Gilbert?

— A part une petite contradiction entre vos paroles et la rédaction dudit passeport…

— Laquelle ?

— Vous dites que la reine et madame Elisabeth représentent les *deux* femmes de chambre de madame de Tourzel, et je vois sur le passeport une seule femme de chambre.

— Ah ! voici… c'est qu'arrivée à Bondy, madame de Tourzel, qui croit faire le voyage jusqu'à Montmédy, sera priée de descendre ; M. de Charny, qui est un homme dévoué et sur lequel on peut compter, montera à sa place, pour mettre le nez à la portière en cas de besoin, et tirer deux pistolets de sa poche, s'il le faut. La reine, alors, deviendra madame de Korff, et, comme — à part madame Royale, qui, d'ailleurs, fait partie des enfants, — il n'y aura plus qu'une femme dans la voiture, madame Elisabeth, il était inutile de mettre sur le passeport deux femmes de chambre. — Maintenant, voulez-vous d'autres détails? Soit; les détails ne manquent pas, et je vous en donnerai. Le départ devait avoir lieu avant le 1ᵉʳ juin ; M. de Bouillé y tenait beaucoup ; il a même, à ce sujet, écrit au roi une curieuse lettre dans laquelle il l'invite à se presser, attendu, dit-il, que les troupes *se corrompent* de jour en jour, et qu'il ne répond plus de rien, si on laisse prêter le serment aux soldats... Or, ajouta Cagliostro avec son air goguenard, par ces mots *se corrompent,* il est bien entendu qu'il faut comprendre que l'armée commence à reconnaître qu'ayant à choisir entre une monarchie qui, pendant trois siècles, a sacrifié le peuple à la noblesse, le soldat à l'officier, et une constitution qui proclame l'égalité devant la loi, qui fait des grades la récompense du mérite et du courage, cette ingrate armée penche pour la Constitution... Mais la berline ni le nécessaire n'étaient achevés, et il a été impossible de partir le 1er; ce qui est un grand malheur, vu que, depuis le 1er, l'armée a pu se corrompre de plus en plus, et que les soldats ont prêté serment à la Constitution. Sur quoi, le départ a été fixé au 8 ; mais M. de Bouillé a reçu trop tard la signification de cette date, et, à son tour, il a été obligé de répondre qu'il ne serait pas prêt. Alors, la chose, d'un commun accord, a été remise au 12; on eût préféré le 11 ; mais une femme très démocrate,—de plus maîtresse de M. de Gouvion, aide-de-camp de M. de la Fayette, — madame de Rochereul, si vous voulez savoir son nom, était de service près du Dauphin, et l'on craignait qu'elle ne s'aperçût de quelque chose, et qu'elle ne dénonçât, comme disait ce pauvre M. de Mirabeau, ce pot au feu caché que les rois font toujours bouillir dans quelque coin de leur palais. Le 12, le roi s'est aperçu qu'il n'avait plus que six jours à attendre pour toucher un quartier de sa liste civile ; — six millions! peste! cela, vous en conviendrez, mon cher Gilbert, valait bien la peine d'attendre six jours ! — En outre, Léopold, le grand temporisateur, le Fabius des rois, venait, enfin, de promettre que quinze mille Autrichiens occuperaient, le 15, les débouchés d'Arlon. Dame! vous comprenez, ces bons rois, ce n'est pas la volonté qui leur manque; mais, de leur côté, ils ont leurs petites affaires à terminer. L'Autriche venait de dévorer Liége et le Brabant, et était en train de digérer ville et province ; or, l'Autriche est comme les boas, quand elle digère, elle dort. Catherine était en train de battre ce petit roitelet de Gustave III, à qui elle a, enfin, accordé une trève pour qu'il eût le temps d'aller recevoir, à Aix en Savoie, la reine de France à la descente de sa voiture. Pendant ce temps-là, elle rongera ce qu'elle pourra de la Turquie, et sucera les os de la Pologne : elle aime la moelle de lion, cette digne impératrice ! La Prusse philosophe et l'Angleterre philanthrope sont en train de changer de peau, afin que l'une puisse raisonnablement s'allonger sur les bords du Rhin, et l'autre dans la mer du Nord ; mais soyez tranquille : comme les chevaux de Diomède, les rois ont goûté de la chair humaine, et ils ne voudront plus manger autre chose, si toutefois nous ne les troublons pas dans ce délicieux festin ! — Bref, le départ avait été remis au dimanche 19, à minuit; puis, le 18, au matin, une nouvelle dépêche a été expédiée, remettant ce départ au lundi 20, à la même heure, c'est-à-dire à demain soir; ce qui pourra bien avoir ses inconvénients, attendu que M. de Bouillé avait déjà envoyé des ordres à tous ses détachements, et qu'il a fallu envoyer des contre-ordres... Prenez garde, mon cher Gilbert, prenez garde ! tout cela fatigue les soldats, et donne à penser aux populations.

— Comte, dit Gilbert, je ne ruserai pas avec vous : tout ce que vous venez de dire est vrai, et je ruserai d'autant moins que mon avis, à moi, n'était pas que le roi partît, ou plutôt que le roi quittât la

France. Maintenant, avouez-le franchement, au point de vue du danger personnel, au point de vue du danger de la reine et de ses enfants, si le roi devrait rester comme roi, l'homme, l'époux, le père n'est-il pas autorisé à fuir?

— Eh bien! voulez-vous que je vous dise une chose, mon cher Gilbert, c'est que ce n'est pas comme père, c'est que ce n'est pas comme époux, c'est que ce n'est pas comme homme que Louis XVI fuit; c'est que ce n'est pas à cause des 5 et 6 octobre qu'il quitte la France. — Non; par son père, à tout prendre, il est Bourbon, et les Bourbons savent ce que c'est que de regarder le danger en face;

— non; il quitte la France à cause de cette Constitution que vient de lui fabriquer, à l'instar des États-Unis, l'Assemblée nationale, sans réfléchir que le modèle qu'elle a suivi est taillé pour une république, et, appliqué à une monarchie, ne laisse pas au roi une suffisante quantité d'air respirable; — non; il quitte la France à cause de cette fameuse affaire des Chevaliers du Poignard, dans laquelle votre ami la Fayette a agi irrévérencieusement avec la royauté et ses fidèles; — non; il quitte la France à cause de cette fameuse affaire de Saint-Cloud, dans laquelle il a voulu constater sa liberté, et dans laquelle le peuple lui a prouvé qu'il était prisonnier; — non, voyez-vous, mon cher Gilbert, vous qui êtes honnêtement, franchement, loyalement royaliste-constitutionnel ; vous qui croyez à cette douce et consolante utopie d'une monarchie tempérée par la liberté, il faut que vous sachiez une chose : c'est que les rois, à l'imitation de Dieu, dont ils se prétendent les représentants sur la terre, ont une religion, la religion de la royauté ; non-seulement leur personne, frottée d'huile à Reims, est sacro-sainte, mais encore leur palais est saint, leurs serviteurs sont saints ! Leur palais est un temple où il ne faut entrer qu'en priant; leurs serviteurs sont des prêtres auxquels on ne doit parler qu'à genoux ; il ne faut pas toucher aux rois sous peine de mort ! il ne faut pas toucher à leurs serviteurs sous peine d'excommunication! Or, le jour où l'on a empêché le roi de faire son voyage à Saint-Cloud, on a touché au roi; le jour où l'on a expulsé des Tuileries les Chevaliers du Poignard, on a touché à ses serviteurs. C'est là ce que le roi n'a pu supporter; voilà la véritable abomination de la désolation; voilà pourquoi le roi, qui avait refusé de se laisser enlever par M. de Favras, et de se sauver avec ses tantes, consent à fuir demain avec un passeport de M. de Montmorin, — qui ne sait pas pour qui il a signé ce passeport,— sous le nom de Durand et sous l'habit d'un domestique, tout en recommandant pourtant, — les rois sont toujours rois par un bout, — tout en recommandant de ne pas oublier de mettre dans les malles l'habit rouge brodé d'or qu'il portait à Cherbourg.

Pendant que Cagliostro parlait, Gilbert l'avait regardé fixement, essayant de deviner ce qu'il y avait au fond de la pensée de cet homme.

Mais c'était chose inutile : aucun regard humain n'avait la puissance de voir au-delà de ce masque railleur dont le disciple d'Althotas avait coutume de couvrir son visage.

Gilbert prit donc le parti d'aborder franchement la question.

— Comte, observa-t-il, tout ce que

vous venez de me dire est vrai, je le répète. Maintenant, dans quel but venez-vous me le dire? Sous quel titre vous présentez-vous à moi? Venez-vous comme un ennemi loyal qui prévient qu'il va combattre? Venez-vous comme un ami qui s'offre à aider?

—Je viens, d'abord, mon cher Gilbert, répondit affectueusement Cagliostro, comme vient le maître à l'élève, pour lui dire : « Ami, tu fais fausse route en t'attachant à cette ruine qui tombe, à cet édifice qui croule, à ce principe qui meurt et qu'on appelle la monarchie. Les hommes comme toi ne sont pas les hommes du passé, ne sont pas même les hommes du présent : ce sont les hommes de l'avenir. Abandonne la chose à laquelle tu ne crois pas pour la chose à laquelle nous croyons ; ne t'éloigne pas de la réalité pour suivre l'ombre ; et, si tu ne te fais pas soldat actif de la révolution, regarde-la passer, et ne tente pas de l'arrêter dans sa route. Mirabeau était un géant, et Mirabeau vient de succomber à l'œuvre ! »

— Comte, dit Gilbert, je répondrai à cela le jour où le roi, qui s'est fié à moi, sera en sûreté. Louis XVI m'a pris pour confident, pour auxiliaire, pour complice, si vous voulez, dans l'œuvre qu'il entreprend ; j'ai accepté cette mission ; je l'accomplirai jusqu'au bout, le cœur ouvert, les yeux fermés. Je suis médecin, mon cher comte ; le salut matériel de mon malade avant tout! Maintenant, vous, répondez-moi à votre tour. Dans vos mystérieux projets, dans vos sombres combinaisons, avez-vous besoin que cette fuite réussisse ou avorte?... Si vous voulez qu'elle avorte, il est inutile de lutter ; dites : « Ne partez pas ! » et nous resterons, et nous courberons la tête, et nous attendrons le coup.

— Frère! dit Cagliostro, si, poussé par le Dieu qui m'a tracé ma route, il me fallait frapper un de ceux que ton cœur aime ou que ton génie protège, je resterais dans l'ombre, et je ne demanderais qu'une chose à cette puissance surhumaine à laquelle j'obéis : c'est qu'elle te laissât ignorer de quelle main est parti le coup. Non, si je ne viens pas en ami, — je ne puis être l'ami des rois, moi qui ai été leur victime, — je ne viens pas non plus en ennemi ; je viens, une balance à la main, te disant : « J'ai pesé les destins de ce dernier Bourbon, et je ne crois pas que sa mort importe au salut de la cause ; or, Dieu me garde, moi qui, comme Pythagore, me reconnais à peine le droit de disposer de la vie du dernier insecte créé, de toucher imprudemment à celle de l'homme, ce roi de la création ! » Il y a plus : non-seulement je viens te dire : « Je resterai neutre ; » mais encore j'ajoute : « As-tu besoin de mon aide, je te l'offre ! »

Gilbert essaya une seconde fois de lire

jusqu'au fond du cœur de Cagliostro.

— Bon! dit celui-ci en reprenant son ton railleur, voilà que tu doutes!... Voyons, homme lettré, ne connais-tu pas cette histoire de la lance d'Achille, qui blessait et qui guérissait? Cette lance, je la possède. — La femme qui a passé pour la reine dans les bosquets de Versailles, ne peut-elle pas passer pour la reine dans les appartements des Tuileries, ou sur quelque route opposée à celle que suivra la vraie fugitive?...Voyons, ce n'est point à mépriser, ce que je vous offre là, mon cher Gilbert.

— Soyez franc, alors, jusqu'au bout, comte, et dites-moi dans quel but vous me faites cette offre.

— Mais, mon cher docteur, c'est bien simple : dans le but que le roi s'en aille, dans le but que le roi quitte la France, dans le but qu'il nous laisse proclamer la république !

— La république? dit Gilbert étonné.

— Pourquoi pas? dit Cagliostro.

— Mais, mon cher comte, je regarde en France, autour de moi, du midi au nord, de l'orient à l'occident, et je ne vois pas un seul républicain...

— D'abord, vous vous trompez... j'en vois trois : Pétion, Camille Desmoulins et votre serviteur ; ceux-là vous pouvez les voir comme moi. Puis, je vois encore ceux que vous ne voyez pas, et que vous verrez, quand il sera temps qu'ils paraissent. Alors, rapportez-vous-en à moi pour faire un coup de théâtre qui vous étonnera! Seulement, vous comprenez, je désire que, dans le changement à vue, il n'arrive pas d'accidents trop graves; les accidents retombent toujours sur le machiniste.

Gilbert réfléchit un instant.

Puis, tendant la main à Cagliostro :

— Comte, dit-il, s'il ne s'agissait que de moi, s'il ne s'agissait que de ma vie, s'il ne s'agissait que de mon honneur, de ma réputation, de ma mémoire, j'accepterais à l'instant même; mais il s'agit d'un royaume, d'un roi, d'une reine, d'une race, d'une monarchie, et je ne puis prendre sur moi de traiter pour eux. Restez neutre, mon cher comte, voilà tout ce que je vous demande.

Cagliostro sourit.

— Oui, je comprends, dit-il; l'homme du collier!... Eh bien! mon cher Gilbert, l'homme du collier va vous donner un conseil.

— Silence! dit Gilbert; on sonne.

— Qu'importe? vous savez bien que

celui qui sonne est M. le comte de Charny ; or, le conseil que j'ai à vous donner, lui aussi peut l'entendre et le mettre à profit... Entrez, monsieur le comte, entrez !

Charny, en effet, venait de paraître sur la porte. Voyant un étranger où il ne comptait rencontrer que Gilbert, il s'était arrêté inquiet et hésitant.

— Ce conseil, continua Cagliostro, le voici : défiez-vous des nécessaires trop riches, des voitures trop lourdes et des portraits trop ressemblants ! — Adieu, Gilbert ; adieu, monsieur le comte ; et, pour employer la formule de ceux à qui, comme à vous, je souhaite un bon voyage, Dieu vous ait en sa sainte et digne garde!...

Et le prophète, saluant amicalement Gilbert et courtoisement Charny, se retira suivi par le regard inquiet de l'un et l'œil interrogateur de l'autre.

— Qu'est-ce que cet homme, docteur? demanda Charny lorsque le bruit des pas se fut éteint dans l'escalier.

— Un de mes amis, dit Gilbert, un homme qui sait tout, mais qui vient de me donner sa parole de ne pas nous trahir.

—Et vous le nommez?

Gilbert hésita un instant.

— Le baron Zannone, dit-il.

— C'est singulier, reprit Charny, je ne connais pas ce nom, et, cependant, il me semble que je connais ce visage... Avez-vous le passeport, docteur?

— Le voici, comte.

Charny prit le passeport, le déplia vivement, et, complètement absorbé par l'attention qu'il donnait à cette pièce importante, il paraissait avoir oublié, momentanément du moins, jusqu'au baron Zannone.

II

La soirée du 20 juin.

Maintenant, nous allons voir ce qui se passait, le 20 juin, au soir, de neuf heures à minuit, sur divers points de la capitale.

Ce n'était pas sans raison que l'on s'était défié de madame de Rochereul.

Bien que son service eût cessé le 11, elle avait trouvé, ayant conçu quelques doutes, moyen de revenir au château, et elle s'était aperçue que, quoique les écrins de la reine fussent toujours à leur place, les diamants n'y étaient plus. En effet, ils avaient été confiés par Marie-Antoinette à son coiffeur Léonard, lequel devait partir, dans la soirée du 20, quelques heures avant son auguste maîtresse, avec M. de Choiseul, commandant les soldats du premier détachement posté à Pont-de-Sommevelle, chargé, en outre, du relai de Varennes, qu'il devait composer de six bons chevaux, et qui attendait chez lui, rue d'Artois, les ordres du roi et de la reine. C'était peut-être un peu indiscret d'embarrasser M. de Choiseul de maître Léonard, et un peu imprudent d'emmener avec soi un coiffeur; mais quel artiste eût entrepris de faire, à l'étranger, ces admirables coiffures qu'exécutait en se jouant Léonard? Que voulez-vous? quand on a un coiffeur homme de génie, on n'y renonce pas volontiers !

Il en résulta que la femme de chambre de M. le Dauphin, se doutant que le départ était fixé au lundi 20, à onze heures du soir, en avait donné avis, non-seulement à son amant M. de Gouvion, mais encore à M. Bailly.

M. de la Fayette avait été trouver le roi pour s'expliquer franchement avec lui de cette dénonciation, et avait haussé les épaules.

M. Bailly avait mieux fait : pendant que la Fayette était devenu aveugle comme un astronome, lui, Bailly, était devenu courtois comme un chevalier ; il avait envoyé à la reine la lettre même de madame de Rochereul.

M. de Gouvion, influencé directement, avait seul conservé de plus intenses soupçons ; prévenu par sa maîtresse, il avait, sous prétexte d'une petite réunion militaire, attiré chez lui une douzaine d'officiers de la garde nationale ; il en avait placé cinq ou six en vedette à différentes portes, et lui-même, avec cinq chefs de bataillon, il s'était chargé de surveiller les portes de l'appartement de M. Villequier, plus spécialement désigné à son attention.

Vers la même heure, rue Coq-Héron, n° 9, dans un salon que nous connaissons, assise sur une causeuse où elle nous est déjà apparue, une jeune femme, belle, calme en apparence, mais profondément émue au fond du cœur, causait avec un jeune homme de vingt-trois à vingt-quatre ans, debout devant elle, vêtu d'une veste de courrier de couleur chamois, d'un pantalon de peau collant, chaussé d'une paire de bottes à retroussis, et armé d'un couteau de chasse.

Il tenait à la main un chapeau rond galonné.

La jeune femme paraissait insister ; le jeune homme paraissait se défendre.

— Mais, encore une fois, vicomte, disait-elle, pourquoi, depuis deux mois et demi qu'il est de retour à Paris, pourquoi ne pas être venu lui-même ?

— Mon frère, madame, depuis son retour, m'a chargé plusieurs fois d'avoir l'honneur de vous donner de ses nouvelles.

— Je le sais, et je lui en suis bien reconnaissante, ainsi qu'à vous, vicomte ; mais il me semble qu'au moment de partir, il eût pu lui-même me venir dire adieu.

— Sans doute, madame, la chose lui aura été impossible, car c'est moi qu'il a chargé de ce soin.

— Et le voyage que vous entreprenez sera-t-il long?

— Je l'ignore, madame.

— Je dis *vous*, vicomte, parce que, à votre costume, je dois penser que, vous aussi, vous êtes sur votre départ.

— Selon toute probabilité, madame, j'aurai quitté Paris ce soir à minuit.

— Accompagnez-vous votre frère, ou suivez-vous une direction opposée à la sienne?

— Je crois, madame, que nous suivons le même chemin.

— Lui direz-vous que vous m'avez vue ?

— Oui, madame ; car, à la sollicitude qu'il a mise à m'envoyer près de vous, aux recommandations réitérées qu'il m'a faites de ne pas le rejoindre sans vous avoir vue, il ne me pardonnerait pas d'avoir oublié une pareille mission.

La jeune femme passa la main sur ses yeux, poussa un soupir, et, après avoir réfléchi un instant :

— Vicomte, dit-elle, vous êtes gentilhomme, vous allez comprendre toute la portée de la demande que je vous fais ; répondez-moi comme vous me répondriez si j'étais véritablement votre sœur; répondez-moi comme vous répondriez à Dieu... Dans ce voyage qu'il entreprend, M. de Charny court-il quelque danger sérieux?

— Qui peut dire, madame, répliqna Isidore essayant d'éluder la question, où est et où n'est pas le danger dans l'époque où nous vivons ? Le 5 octobre, au matin, notre pauvre frère Georges, interrogé s'il croyait courir quelque danger, eût bien certainement répondu que non... Le lendemain, il était couché, pâle, inanimé, en travers de la porte de la reine. Le danger, madame, à l'époque où nous sommes, sort de terre, et l'on se trouve parfois face à face avec la mort, sans savoir d'où elle vient ni qui l'a appelée.

Andrée pâlit.

— Ainsi, dit-elle, il y a danger de mort, n'est-ce pas, vicomte ?

— Je n'ai pas dit cela, madame.

— Non, mais vous le pensez.

— Je pense, madame, que, si vous avez quelque chose d'important à faire dire à mon frère, l'entreprise dans laquelle il se hasarde, ainsi que moi, est assez grave pour que, de vive voix ou par écrit, vous me chargiez de lui transmettre votre pensée, votre désir, votre recommandation.

— C'est bien, vicomte, dit Andrée en se levant ; je vous demande cinq minutes.

Et, de ce pas lent et froid qui lui était habituel, la comtesse entra dans sa chambre, dont elle referma la porte derrière elle.

La comtesse sortie, le jeune homme regarda sa montre avec une certaine inquiétude.

— Neuf heures un quart! murmura-t-il ; le roi nous attend à neuf heures et demie... Heureusement qu'il n'y a qu'un pas d'ici aux Tuileries.

Mais la comtesse n'usa pas même de la somme de temps qu'elle avait demandée.

Au bout de quelques secondes, elle rentra tenant à la main une lettre cachetée.

— Vicomte, dit-elle avec solennité, à votre honneur je confie ceci !

Isidore allongea la main pour prendre la lettre.

—Attendez, dit Andrée, et comprenez bien ce que je vais vous dire. — Si votre frère, si M. le comte de Charny accomplit sans accident l'entreprise qu'il poursuit, il n'y a rien à lui dire autre chose que ce que je vous ai dit : sympathie pour sa loyauté, respect pour son dévouement, admiration pour son caractère!... S'il est blessé... — La voix d'Andrée s'altéra légèrement ; — s'il est blessé grièvement, vous lui demanderez de vouloir bien m'accorder la grâce de le rejoindre... et, s'il m'accorde cette grâce, vous m'enverrez un messager qui me dira sûrement où le trouver, car je partirai à l'instant même... S'il est blessé à mort... — L'émotion fut près de couper la voix d'Andrée ; — vous lui remettrez cette lettre ; s'il ne peut plus la lire lui-même, vous la lui lirez, car, avant qu'il meure, je veux qu'il sache ce que contient cette lettre... — Votre foi de gentilhomme que vous ferez comme je le désire, vicomte ?

Isidore, aussi ému que la comtesse, étendit la main.

— Sur l'honneur, madame ! dit-il.

— Alors, prenez cette lettre, et allez, vicomte !

Isidore prit la lettre, baisa la main de la comtesse, et sortit.

— Oh ! s'écria Andrée en retombant

sur son canapé, s'il meurt, je veux au moins qu'en mourant, il sache que je l'aime !

Juste au même moment où Isidore quittait la comtesse, et plaçait la lettre sur sa poitrine, à côté d'une autre lettre dont, à la lueur du réverbère allumé au coin de la rue Coquillière, il venait de lire l'adresse, — deux hommes vêtus absolument du même costume que lui s'avançaient vers un lieu de réunion commun, c'est-à-dire vers ce boudoir de la reine où nous avons déjà introduit nos lecteurs par deux passages différents : l'un suivait la galerie du Louvre qui longe le quai, cette galerie, où est aujourd'hui le musée de peinture, et à l'extrémité de laquelle Weber l'attendait; l'autre montait par le petit escalier que nous avons vu prendre à Charny à son arrivée de Montmédy. En haut de cet escalier, de même que son compagnon était attendu au bout de la galerie du Louvre par Weber, le valet de chambre de la reine, celui-ci était attendu par François Hue, le valet de chambre du roi.

On les introduisit tous les deux, et presque en même temps, par deux portes différentes. Le premier introduit était M. de Valory.

Quelques secondes après, comme nous l'avons dit, une seconde porte s'ouvrit, et, avec un certain étonnement, M. de Valory vit entrer un autre lui-même.

Les deux officiers ne se connaissaient pas ; cependant, présumant qu'ils étaient appelés tous deux pour une même cause, ils allèrent l'un à l'autre et se saluèrent.

En ce moment, une troisième porte s'ouvrit, et le vicomte de Charny parut.

C'était le troisième courrier, aussi inconnu aux deux autres que les deux autres lui étaient inconnus à lui-même.

Isidore seul savait dans quel but ils étaient rassemblés, et quelle œuvre commune ils allaient accomplir.

Sans doute, il se disposait à répondre

aux questions qui lui étaient adressées par ses deux futurs compagnons, quand la porte s'ouvrit de nouveau, et quand le roi parut.

— Messieurs, dit Louis XVI s'adressant à MM. de Malden et de Valory, excusez-moi d'avoir disposé de vous sans votre permission; mais je vous tenais pour de fidèles serviteurs de la royauté. Vous sortiez de mes gardes; je vous ai invités à passer chez un tailleur dont je vous ai donné l'adresse, à vous y faire faire à chacun un costume de courrier, et à vous trouver ce soir aux Tuileries, à neuf heures et demie. Votre présence me prouve que, quelle qu'elle soit, vous voulez bien accepter la mission dont j'ai à vous charger.

Les deux anciens gardes-du-corps s'inclinèrent.

— Sire, dit M. de Valory, Votre Majesté sait qu'elle n'a pas besoin de consulter ses gentilshommes pour disposer de leur dévouement, de leur courage et de leur vie.

—Sire, dit à son tour M. de Malden, mon collègue, en répondant pour lui, a répondu pour moi, et, je le présume, pour notre troisième compagnon.

— Votre troisième compagnon, messieurs, avec lequel je vous invite à faire connaissance, — la connaissance étant bonne à faire, — est M. le vicomte Isidore de Charny, dont l'un des frères a été tué en défendant, à Versailles, la porte de la reine. Nous sommes habitués aux dévouements des gens de sa famille, et ces dévouements nous sont, maintenant, choses si familières, que nous ne les en remercions même plus!

— D'après ce que dit le roi, reprit M. de Valory, le vicomte de Charny sait, sans doute, le motif qui nous rassemble, tandis que nous l'ignorons, Sire, et avons hâte de l'apprendre.

— Messieurs, reprit le roi, vous n'ignorez pas que je suis prisonnier, prisonnier du commandant de la garde nationale, prisonnier du président de l'Assemblée, prisonnier du maire de Paris, prisonnier du peuple, prisonnier de tout le monde, enfin... Eh bien, messieurs, j'ai compté sur vous pour m'aider à secouer cette humiliation, et à reprendre ma liberté. Mon sort, celui de la reine, celui de mes enfants est entre vos mains ; tout est prêt pour que nous puissions fuir ce soir. Chargez-vous seulement, vous, de nous sortir d'ici.

— Sire, dirent les trois jeunes gens, ordonnez !

— Nous ne pouvons sortir ensemble, comme vous comprenez bien, messieurs... Notre rendez-vous commun est au coin de la rue Saint-Nicaise, où M. le comte de Charny nous attendra avec un remise. Vous, vicomte, vous vous chargerez de la reine, et vous répondrez au nom de Melchior ; vous, monsieur de Malden, vous vous chargerez de madame Elisabeth et de Madame Royale, et vous vous appellerez Jean ; vous, monsieur de Valory, vous vous chargerez de madame de Tourzel et du Dauphin, et vous vous appellerez François. N'oubliez pas vos nouveaux noms, messieurs, et attendez ici d'autres instructions.

Le roi présenta tour à tour sa main aux trois jeunes gens, et sortit laissant dans cette pièce trois hommes disposés à mourir pour lui.

Cependant, M. de Choiseul, qui avait

déclaré au roi, la veille, de la part de
M. de Bouillé, qu'il était impossible
d'attendre plus tard que le 20, à minuit,
et qui avait annoncé que, le 21, à quatre
heures du matin, il partirait s'il n'avait
pas de nouvelles, et ramènerait avec lui
tous les détachements à Dun, à Stenay et
à Montmédy; M. de Choiseul, ainsi que
nous l'avons dit, était chez lui, rue
d'Artois, où devaient venir le chercher
les derniers ordres de la cour; et,
comme il était neuf heures du soir, il
commençait à désespérer, lorsque le
seul de ses gens qu'il eût gardé, et qui
le croyait sur le point de partir pour
Metz, vint le prévenir qu'un homme demandait à lui parler de la part de la
reine.

Il ordonna de faire monter.

Un homme entra avec un chapeau rond enfoncé sur les yeux, et enveloppé dans une énorme houppelande.

— C'est vous, Léonard, dit-il ; je vous attendais avec impatience.

— Si je vous ai fait attendre, monsieur le duc, ce n'est point ma faute ; c'est celle de la reine, qui m'a prévenu, il y a dix minutes seulement, que j'eusse à venir chez vous.

— Elle ne vous a rien dit autre chose ?

— Si fait, monsieur le duc ; elle m'a

chargé de prendre tous ses diamants, et de vous apporter cette lettre.

— Donnez donc, fit le duc avec une légère impatience, que ne put lui faire entièrement contenir l'immense crédit dont jouissait l'important personnage qui lui remettait la dépêche royale.

La lettre était longue, pleine de recommandations. Elle annonçait que l'on partait à minuit; elle invitait le duc de Choiseul à partir à l'instant même, et elle lui faisait de nouveau la prière d'emmener Léonard, lequel, ajoutait la reine, avait reçu l'ordre de lui obéir comme à elle-même.

Et elle soulignait les huit mots suivants :

« Je lui renouvelle encore ici cet ordre. »

Le duc leva les yeux sur Léonard, qui attendait avec une inquiétude visible Le coiffeur était grotesque sous son énorme chapeau, et dans son immense houppelande.

— Voyons, dit le duc, rappelez bien tous vos souvenirs ; que vous a dit la reine ?

— Je vais répéter mot pour mot ses paroles à monsieur le duc.

— Allez, je vous écoute.

—Elle m'a donc fait appeler, il y a trois quarts d'heure à peu près, monsieur le duc.

— Bon.

— Elle m'a dit à voix basse...

—Sa Majesté n'était donc pas seule?

—Non, monsieur le duc; le roi était en train de causer dans l'embrâsure d'une fenêtre avec madame Elisabeth; M. le Dauphin et Madame Royale jouaient ensemble; quant à la reine, elle était appuyée contre la cheminée.

— Continuez, Léonard, continuez.

— La reine m'a donc dit à voix basse :
« Léonard, je puis compter sur vous? — Ah! madame, ai-je répondu, disposez de moi! Votre Majesté sait que je lui suis dévoué corps et âme! — Prenez ces diamants, et fourrez-les dans vos poches; prenez cette lettre, et portez-la, rue d'Artois, au duc de Choiseul; surtout ne la remettez qu'à lui... S'il n'est pas rentré, vous le trouverez chez la duchesse de Grammont. » Puis, comme je m'éloignais déjà pour obéir aux ordres de la reine, Sa Majesté me rappela : « Mettez un chapeau à grands bords et une large redingote, afin de ne pas être reconnu, mon cher Léonard, a-t-elle ajouté; et surtout obéissez à M. de Choiseul comme à moi-même. » Alors,

je suis monté chez moi; j'ai pris le chapeau et la redingote de mon frère, et me voilà.

— Ainsi, dit M. de Choiseul, la reine vous a bien recommandé de m'obéir comme à elle-même?

— Ce sont les augustes paroles de Sa Majesté, monsieur le duc.

— Je suis fort aise que vous vous rappeliez aussi bien cette recommandation verbale... En tout cas, voici la même recommandation écrite, et, comme il faut que je brûle cette lettre, lisez-la.

Et M. de Choiseul présenta le bas de

la lettre qu'il venait de recevoir à Léonard, lequel lut à haute voix :

« J'ai donné à mon coiffeur Léonard l'ordre de vous obéir comme à moi-même ; *je lui renouvelle encore ici cet ordre.* »

— Vous comprenez, n'est-ce pas? fit M. de Choiseul.

— Oh ! monsieur, dit Léonard, croyez bien qu'il suffisait de l'ordre verbal de Sa Majesté.

— N'importe ! dit M. de Choiseul.

Et il brûla la lettre.

En ce moment, le domestique rentra et annonça que la voiture était prête.

— Venez, mon cher Léonard, dit le duc.

— Comment, que je vienne! Et les diamants ?

— Vous les emportez avec vous.

— Et où cela ?

— Où je vous mène.

— Mais où me menez-vous ?

— A quelques lieues d'ici, où vous

avez à remplir une mission toute particulière.

— Monsieur le duc, impossible !

— Comment, impossible ! La reine ne vous a-t-elle pas dit de m'obéir comme à elle-même ?

— C'est vrai ; mais comment faire ? J'ai laissé la clef à la porte de notre appartement ; quand mon frère va rentrer, il ne trouvera plus ni sa redingote ni son chapeau... Ne me voyant pas revenir, il ne saura pas où je suis... Et puis il y a madame de l'Aage, à qui j'ai promis de la coiffer, et qui m'attend... à preuve, monsieur le duc, que mon cabriolet et mon domestique sont dans la cour des Tuileries.

— Eh bien, mon cher Léonard, dit M. de Choiseul en riant, que voulez-vous? votre frère achètera un autre chapeau et une autre redingote; vous coifferez madame de l'Aage un autre jour, et votre domestique, en ne vous voyant pas revenir, dételera votre cheval, et le rentrera à l'écurie... Mais le nôtre est attelé, partons !

Et, sans faire davantage attention aux plaintes et aux lamentations de Léonard, M. le duc de Choiseul fit monter dans son cabriolet le coiffeur désespéré, et lança son cheval au grand galop vers la barrière de la petite Villette.

Le duc de Choiseul n'avait pas encore dépassé les dernières maisons de la petite Villette, qu'un groupe de cinq personnes qui revenaient du club des Jacobins, déboucha dans la rue Saint-Honoré, paraissant se diriger vers le Palais-Royal, et remarquant la profonde tranquillité de cette soirée.

Ces cinq personnes étaient : Camille Desmoulins, — qui raconte lui-même le fait, — Danton, Fréron, Chénier et Legendre.

Arrivé à la hauteur de la rue de l'Echelle, et jetant un coup d'œil sur les Tuileries :

— Ma foi, dit Camille Desmoulins, ne

vous semble-t-il pas que Paris est plus
que tranquille ce soir, que Paris est
comme abandonné? Pendant tout le
chemin que nous venons de faire, nous
n'avons rencontré qu'une seule patrouille.

— C'est, répondit Fréron, que les mesures sont prises pour laisser le chemin
libre au roi.

—Comment, le chemin libre au roi?
demanda Danton.

— Sans doute, dit Fréron, c'est cette
nuit qu'il part!

— Allons donc! dit Legendre, quelle
plaisanterie!

— C'est peut-être une plaisanterie, reprit Fréron ; mais on m'en prévient dans une lettre.

— Tu as reçu une lettre qui te prévient de la fuite du roi ? dit Camille Desmoulins ; une lettre signée ?

—Non, une lettre anonyme... Au reste, je l'ai sur moi; la voici... lisez.

Les cinq patriotes s'approchèrent d'un remise qui stationnait à la hauteur de la rue Saint-Nicaise, et, à la lueur de sa lanterne, ils lurent les lignes suivantes :

« Le citoyen Fréron est prévenu que

c'est ce soir que M. Capet, l'Autrichienne et ses deux louveteaux, quittent Paris, et vont rejoindre M. de Bouillé, le massacreur de Nancy, qui les attend à la frontière. »

— Tiens, *M. Capet,* dit Camille Desmoulins, le nom est bon ! j'appellerai désormais Louis XVI *M. Capet.*

— Et l'on n'aura qu'une chose à te reprocher, dit Chénier ; c'est que Louis XVI est, non pas *Capet,* mais *Bourbon.*

— Bah ! qui sait cela ? dit Desmoulins ; deux ou trois pédants comme toi... N'est-ce pas, Legendre, que Capet est un bon nom ?

— En attendant, observa Danton, si la lettre disait la vérité, et si c'était vraiment cette nuit que toute la séquelle royale dût décamper!

— Puisque nous sommes aux Tuileries, dit Camille, voyons-y.

Et les cinq patriotes s'amusèrent à faire le tour des Tuileries. En revenant vers la rue Saint-Nicaise, ils aperçurent la Fayette et tout son état-major qui entrait aux Tuileries.

— Ma foi, dit Danton, voici Blondinet qui vient assister au coucher de la famille royale... notre service est fini, le sien commence... Bonsoir, messieurs!

Qui vient avec moi du côté de la rue du Paon?

— Moi, dit Legendre.

Et le groupe se sépara en deux parties.

Danton et Legendre traversèrent le Carrousel, tandis que Chénier, Fréron et Camille Desmoulins disparurent à l'angle de la rue de Rohan et de la rue Saint-Honoré.

III

Le Départ.

A onze heures du soir, en effet, au moment où mesdames de Tourzel et Brunier, après avoir déshabillé et couché Madame Royale et le Dauphin, les réveillaient et les habillaient de leurs costumes de voyage, — à la grande honte du Dauphin, qui voulait mettre ses habits de garçon, et refusait obstinément des vêtements de fille, — le roi, la reine et madame Élisabeth recevaient M. de la Fayette et MM. de Gouvion et meuf, ses aides-de-camp.

Cette visite était des plus inquiétantes, surtout après les soupçons qu'on avait sur madame de Rochereul.

La reine et madame Élisabeth étaient allées, dans la soirée, faire une promenade au bois de Boulogne, et étaient rentrées à huit heures.

M. de la Fayette demanda à la reine si la promenade avait été bonne ; seulement, il ajouta qu'elle avait tort de rentrer si tard, et qu'il était à craindre que les brouillards du soir ne lui fissent mal.

— Les brouillards du soir, au mois de juin! dit la reine en riant; mais, en vérité, à moins que je n'en fasse faire exprès pour cacher notre fuite, je ne sais pas où j'en trouverais... Je dis pour cacher notre fuite, car je présume que le bruit court toujours que nous partons?

— Le fait est, madame, dit la Fayette, qu'on parle plus que jamais de ce départ, et que j'ai même reçu avis qu'il avait lieu ce soir.

— Ah! dit la reine, je parie que c'est

de M. de Gouvion que vous tenez cette belle nouvelle!

— Et pourquoi de moi, madame? demanda le jeune officier rougissant.

— Mais parce que je crois que vous avez des intelligences au château... Tenez, voici M. Romeuf qui n'en a point; eh bien, je suis sûre qu'il répondrait de nous.

— Et je n'aurais pas grand mérite, madame, répondit le jeune aide-de-camp, puisque le roi a donné sa parole à l'Assemblée de ne pas quitter Paris.

Ce fut la reine qui rougit à son tour.

On parla d'autre chose.

A onze heures et demie, M. de la Fayette et ses deux aides-de-camp prirent congé du roi et de la reine.

Cependant, M. de Gouvion, mal rassuré, regagna sa chambre du château; il y trouva ses amis en sentinelle, et, au lieu de les relever de faction, il leur recommanda de redoubler de surveillance.

Quant à M. de la Fayette, il allait à l'Hôtel-de-Ville tranquilliser Bailly sur les intentions du roi, si toutefois Bailly pouvait avoir quelques craintes.

M. de la Fayette parti, le roi, la reine

et madame Élisabeth, appelèrent leur domesticité, et se firent rendre les services de toilette qu'ils étaient accoutumés d'en recevoir; après quoi, à l'heure habituelle, ils congédièrent tout le monde.

La reine et madame Élisabeth s'habillèrent mutuellement; leurs robes étaient d'une grande simplicité; leurs chapeaux étaient à grands bords, et dérobaient entièrement leurs visages.

Quand elles furent habillées, le roi entra; il était vêtu d'un habit gris, et portait une de ces petites perruques à boudins qu'on appelait perruques à la Rousseau; il portait, en outre, une culotte courte, des bas gris et des souliers à boucles.

Depuis huit jours, le valet de chambre Hue, revêtu d'un costume absolument pareil, sortait par la porte de M. de Villequier, qui était émigré depuis six mois, et gagnait la place du Carrousel et la rue Saint-Nicaise. Cette précaution avait été prise pour que l'on s'habituât à voir un homme vêtu de cette façon passer tous les soirs, et que l'on ne fît pas attention au roi quand il passerait à son tour.

On alla tirer les trois courriers du boudoir de la reine, où ils avaient attendu que l'heure fût arrivée, et on les fit passer, par le salon, dans l'appartement de Madame Royale, où celle-ci se trouvait avec le Dauphin.

Cette chambre, dans la prévision de la

fuite, avait été prise, le 11 juin, sur l'appartement de M. de Villequier.

Le roi s'était fait remettre les clefs de cet appartement le 13.

Une fois chez M. de Villequier, il n'y avait plus grande difficulté à sortir du château. On savait l'appartement désert; on ignorait que le roi s'en fût fait remettre les clefs, et, dans les circonstances ordinaires, on ne le gardait pas.

En outre, les sentinelles des cours, dès qu'onze heures étaient sonnées, avaient l'habitude de voir sortir beaucoup de monde à la fois.

C'étaient les personnes de service qui

ne couchaient point au château, et qui rentraient chez elles.

Là, on arrêta toutes les dispositions du voyage.

M. Isidore de Charny, qui avait relevé le chemin avec son frère, et qui connaissait tous les endroits difficiles ou dangereux, courrait devant ; il préviendrait les postillons, afin que les relais ne subissent jamais de retard.

M de Malden et M. de Valory, placés sur le siége, paieraient les postillons trente sous de guides ; — ordinairement on en donnait vingt-cinq ; on augmentait de cinq sous, vu la lourdeur de la voiture.

Quand les postillons auraient très bien marché, ils recevraient des pourboire plus considérables. Cependant, les guides ne devaient jamais être payées plus de quarante sous. Le roi seul payait un écu.

M. le comte de Charny se tiendrait dans la voiture prêt à parer à tous les accidents; il serait très bien armé, ainsi que les trois courriers; chacun d'eux devait trouver une paire de pistolets dans la voiture.

En payant trente sous de guides, et en allant très médiocrement, on avait calculé qu'on serait en treize heures à Châlons.

Toutes ces instructions avaient été arrêtées entre M. le comte de Charny et M. le duc de Choiseul.

Elles furent répétées plusieurs fois aux trois jeunes gens, afin que chacun se pénétrât bien de ses fonctions :

Le vicomte de Charny courait devant et commandait les chevaux ;

MM. de Malden et de Valory, assis sur siége de la voiture, les payaient ;

Le comte de Charny, placé dans l'intérieur, passait sa tête par la portière, et, s'il y avait à parler, parlait.

Chacun promit de s'en tenir au programme ; on souffla les bougies, et l'on s'avança à tâtons dans l'appartement de M. de Villequier.

Minuit sonnait comme on passait de la chambre de Madame Royale dans cet appartement. Le comte de Charny devait être à son poste depuis plus d'une heure.

A tâtons le roi trouva la porte.

Il allait mettre la clef dans la serrure, lorsque la reine l'arrêta.

— Chut ! fit-elle.

On écouta.

On entendait des pas et des chuchottements dans le corridor.

Il se passait là quelque chose d'extraordinaire.

Madame de Tourzel, qui habitait le château, et dont la présence, à quelque heure que ce fût, dans les corridors, ne pouvait causer aucun étonnement, se chargea de tourner l'appartement, et de voir d'où venaient ces bruits de pas et ces chuchottements.

On attendit sans faire un mouvement, chacun retenant sa respiration.

Plus le silence était grand, plus il

était facile de reconnaître que le corridor était occupé par plusieurs personnes.

Madame de Tourzel revint; elle avait reconnu M. de Gouvion, et vu plusieurs uniformes.

Il était impossible de sortir par l'appartement de M. de Villequier, à moins que cet appartement n'eût une autre issue que celle qu'on avait choisie d'abord.

Seulement, on était sans lumière.

Une veilleuse brûlait dans la chambre de Madame Royale; madame Élisabeth alla y rallumer la bougie qu'elle venait de souffler.

Puis, éclairée par cette bougie, la petite troupe des fugitifs se mit à chercher une issue.

Longtemps on crut la recherche inutile, et, dans cette recherche, on perdit plus d'un quart-d'heure. Enfin, on trouva un petit escalier qui conduisait à une chambre isolée à l'entresol. Cette chambre était celle du laquais de M. de Villequier, et donnait, pour sa sortie, sur un corridor et un escalier de service.

La porte en était fermée à la clef.

Le roi essaya à la serrure toutes les clefs du trousseau; aucune n'y allait.

Le vicomte de Charny tenta de repousser le pêne avec la pointe de son couteau de chasse, mais le pêne résista.

On avait une issue, et, cependant, on était tout aussi enfermé qu'auparavant.

Le roi prit la bougie des mains de madame Élisabeth, et, laissant tout le monde dans l'obscurité, regagna sa chambre à coucher, et, par l'escalier secret, monta jusqu'à la forge. Là, il prit un trousseau de crochets de formes différentes, quelquefois bizarres, et descendit.

Avant d'avoir rejoint le groupe qui l'attendait plein d'anxiété, il avait déjà fait son choix.

Le crochet choisi par le roi entra dans

le trou de la serrure, grinça en tournant, mordit le pêne, le laissa échapper deux fois, mais, à la troisième, s'y accrocha si bien, qu'au bout de deux ou trois secondes, ce fut au pêne de céder.

Le pêne recula, la porte s'ouvrit, la respiration suspendue revint à tout le monde.

Louis XVI se retourna vers la reine d'un air triomphant.

— Hein, madame! dit-il.

— Oui, monsieur, fit la reine en riant, c'est vrai... et je ne dis pas qu'il soit mauvais d'être serrurier; je dis seulement qu'il est bon aussi parfois d'être roi.

Maintenant, il s'agissait de régler l'ordre de la sortie.

Madame Elisabeth sortit la première conduisant Madame Royale.

A vingt pas, elle devait être suivie de madame de Tourzel, conduisant le Dauphin.

Entre elles deux marchait M. de Malden, prêt à porter secours à l'un ou à l'autre groupe.

Ces premiers grains détachés du chapelet royal, ces pauvres enfants, dont l'amour regardait en arrière cherchant cet autre amour qui les suivait des yeux, descendirent tremblants et sur la pointe des pieds, entrèrent dans le cercle de lumière formé par le réverbère qui éclairait la porte du palais donnant sur la cour, et passèrent devant la sentinelle, sans que la sentinelle parût s'occuper d'eux.

— Bon! dit madame Elisabeth, voici déjà un mauvais pas franchi!

En arrivant au guichet qui donnait sur le Carrousel, on trouva la sentinelle croisant dans sa marche la marche des fugitifs.

En les voyant venir, elle s'arrêta.

— Ma tante, dit Madame Royale en serrant la main de madame Elisabeth, nous sommes perdues ! cet homme nous reconnaît !

— N'importe, mon enfant, dit madame Elisabeth, nous sommes bien autrement perdues encore, si nous reculons !

Elles continuèrent leur chemin.

Quand elles ne furent plus qu'à quatre pas de la sentinelle, la sentinelle tourna le dos, et elles purent passer.

Cet homme les avait-il reconnues, en

effet? savait-il quelles illustres fugitives il laissait passer? Les princesses en demeurèrent convaincues, et envoyèrent, en fuyant, mille bénédictions à ce sauveur inconnu.

De l'autre côté du guichet, elles aperçurent le visage inquiet de Charny.

Le comte était enveloppé dans un grand carrick bleu, et avait la tête couverte d'un chapeau rond en toile cirée.

— Ah! mon Dieu! murmura-t-il, vous voici donc enfin!... Et le roi, et la reine?

— Ils nous suivent, répondit madame Elisabeth.

— Venez, dit Charny.

Et il conduisit rapidement les fugitifs au remise qui stationnait rue Saint-Nicaise.

Un fiacre était venu se ranger côte à côte du remise comme pour l'espionner.

— Eh bien, camarade, dit le cocher du fiacre en voyant la recrue faite par le comte de Charny, il paraît que tu es chargé ?

— Comme tu vois, camarade, répondit Charny.

Puis, tout bas au garde-du-corps :

— Monsieur, dit-il, prenez ce fiacre, et allez droit à la porte Saint-Martin ; vous n'aurez pas de peine à reconnaître la voiture qui nous attend.

M. de Malden comprit, sauta dans le fiacre.

— Et toi aussi, dit-il, tu es chargé... A l'Opéra, vite !

L'Opéra était, alors, à la porte Saint-Martin.

Le cocher crut avoir affaire à un coureur allant rejoindre son maître au spectacle, et partit sans autre observation que ces mots qui indiquaient sur le prix de la course une réserve pécuniaire :

— Vous savez qu'il est minuit, notre maître?

— Oui ; va bien, et sois tranquille !

Comme, à cette époque, les laquais étaient parfois plus généreux que leurs maîtres, le cocher partit au grand trot, et sans observation aucune.

A peine avait-il tourné le coin de la rue de Rohan, que, par le même guichet qui avait donné passage à Madame Royale, à madame Elisabeth, à madame de Tourzel et au Dauphin, on vit venir d'un pas ordinaire, et comme un expéditionnaire qui sort de son bureau après une longue et laborieuse journée, un bonhomme en habit gris, la corne de son chapeau sur le nez, et les mains dans ses poches.

C'était le roi.

Il était suivi par M. de Valory.

Pendant le trajet, une des boucles de ses souliers s'était détachée ; il avait continué son chemin sans vouloir y faire attention ; M. de Valory l'avait ramassée.

Charny fit quelques pas au-devant de lui ; il avait reconnu le roi, non pas à lui-même, mais à M. de Valory qui le suivait.

Il était de ceux qui veulent toujours voir un roi dans le roi.

Il poussa un soupir de douleur, presque de honte.

— Venez, Sire, venez, murmura-t-il.

Puis, tout bas à M. de Valory :

— Et la reine ?

— La reine nous suit avec M. votre frère.

— Bien ; prenez le chemin le plus court, et allez nous attendre à la porte Saint-Martin ; moi, je prendrai le plus long. Le rendez-vous est autour de la voiture.

M. de Valory s'élança dans la rue

Saint-Nicaise, gagna la rue Saint-Honoré, puis la rue de Richelieu, puis la place des Victoires, puis la rue Bourbon-Villeneuve.

On attendit la reine.

Une demi-heure se passa.

Nous n'essaierons pas de peindre l'anxiété des fugitifs. Charny, sur qui pesait toute la responsabilité, était comme un fou.

Il voulait rentrer au château, s'enquérir, s'informer. Le roi le retint.

Le petit Dauphin pleurait en appelant :
« Maman ! maman ! »

Madame Royale, madame Elisabeth et madame de Tourzel n'arrivaient pas à le consoler.

La terreur redoubla lorsqu'on vit venir, accompagnée de flambeaux, la voiture du général la Fayette. Elle rentrait au Carrousel.

Voici ce qui était arrivé :

A la porte de la cour, le vicomte de Charny, qui donnait le bras à la reine, voulut tourner à gauche.

Mais la reine l'arrêta.

— Où donc allez-vous? dit-elle.

— Au coin de la rue Saint-Nicaise, où nous attend mon frère, répondit Isidore.

— La rue Saint-Nicaise est-elle au bord de l'eau ? demanda la reine.

— Non, madame.

— Eh bien, c'est au guichet du bord de l'eau que votre frère nous attend.

Isidore voulut insister : la reine paraissait si sûre de ce qu'elle disait, que le doute entra dans son esprit.

— Mon Dieu, madame, dit-il, prenons bien garde... toute erreur nous serait mortelle.

— Au bord de l'eau, répéta la reine ; j'ai bien entendu : au bord de l'eau.

— Allons donc au bord de l'eau, madame ; mais, si nous n'y trouvons pas la voiture, nous reviendrons à l'instant même rue Saint-Nicaise, n'est-ce pas ?

— Oui... mais allons !

Et la reine entraîna son cavalier à travers les trois cours, séparées, à cette époque, par une épaisse muraille, et qui ne communiquaient l'une avec l'autre qu'au moyen d'une étroite ouverture attenante au palais, ouverture barrée par une chaîne, gardée par une sentinelle.

La reine et Isidore franchirent l'une

après l'autre ces trois ouvertures, et enjambèrent ces trois chaînes.

Pas une sentinelle n'eut l'idée de les arrêter.

Le moyen de croire, en effet, que cette jeune femme en habit de suivante de bonne maison, donnant le bras à un beau garçon à la livrée du prince de Condé, ou à peu près, enjambant si légèrement les lourdes chaînes, fût la reine de France?

On arriva au bord de l'eau.

Le quai était désert.

— Alors, c'est de l'autre côté, dit la reine.

Isidore voulait revenir.

Mais, elle, comme prise d'un vertige :

— Non, non, dit-elle, c'est par ici.

Et elle entraîna Isidore vers le pont Royal.

Le pont traversé, on trouva le quai de la rive gauche tout aussi désert que celui de la rive droite.

— Voyons dans cette rue, dit la reine. Et elle força Isidore à faire une pointe dans la rue du Bac.

Au bout de cent pas, cependant, elle reconnut qu'elle devait se tromper, et s'arrêta haletante.

Les forces étaient près de lui manquer.

— Eh bien, madame, dit Isidore, insistez-vous encore?

— Non, dit la reine ; maintenant, cela vous regarde : conduisez-moi où vous voudrez.

— Madame, au nom du ciel, du courage ! dit Isidore.

— Oh ! dit la reine, ce n'est point le courage, c'est la force qui me manque.

Puis, se renversant en arrière :

— Il me semble que je ne pourrai jamais retrouver mon haleine, dit-elle. Mon Dieu! mon Dieu!

Isidore savait que cette haleine qui manquait à la reine lui était aussi nécessaire, à cette heure, qu'elle l'est à la biche poursuivie par les chiens.

Il s'arrêta.

— Respirez, madame, dit-il; nous avons le temps... Je vous réponds de mon frère : il attendra, s'il le faut, jusqu'au jour.

— Vous croyez donc qu'il m'aime?

s'écria aussi imprudemment que vivement Marie-Antoinette en serrant le bras du jeune homme contre sa poitrine.

— Je crois que sa vie comme la mienne est à vous, madame, et que le sentiment qui est chez nous de l'amour et du respect est chez lui de l'adoration.

— Merci ! dit la reine, vous me faites du bien... je respire... allons !

Et, avec cette même fébrilité, elle reprit sa marche, repassant par le chemin qu'elle avait déjà pris, refaisant la route qu'elle avait déjà faite.

Seulement, au lieu de rentrer dans les

Tuileries, Isidore lui fit prendre le guichet du Carrousel.

On traversa l'immense place, jusqu'à minuit couverte d'habitude de petites boutiques ambulantes et de fiacres en station.

Elle était à peu près déserte, presque sombre.

Cependant, on entendait comme un grand bruit de roues de voitures et de pas de chevaux.

On était arrivé au guichet de la rue de l'Échelle; il était évident que ces chevaux dont on entendait le pas, que cette voiture dont on entendait le bruit, allaient passer par ce guichet.

On apercevait déjà une lueur ; sans doute celle des torches qui accompagnaient cette voiture.

Isidore voulut se rejeter en arrière ; la reine l'entraîna en avant.

Isidore se précipita sous le guichet pour la protéger, juste au moment où la tête des chevaux des porteurs de torches apparaissait à l'entrée opposée.

Il la poussa dans l'enfoncement le plus sombre, et se plaça devant elle.

Mais l'enfoncement le plus sombre fut à l'instant même inondé par la lumière des porteurs de torches.

Au milieu d'eux, à demi couché dans sa voiture, revêtu de son élégant uniforme de général de la garde nationale, on apercevait le général la Fayette.

Au moment où cette voiture passait, Isidore sentit qu'un bras fort de volonté, sinon de puissance, l'écartait vivement.

Ce bras, c'était le bras gauche de la reine.

De la main droite, elle tenait une petite baguette de bambou à pomme d'or, comme en portaient les femmes à cette époque-là.

Elle en frappa les roues de la voiture en disant :

— Va, geôlier! je suis hors de ta prison!

— Que faites-vous, madame? dit Isidore, et à quoi vous exposez-vous?

— Je me venge! répondit la reine. On peut bien risquer quelque chose pour cela.

Et, derrière le dernier porte-torche, elle s'élança radieuse comme une déesse, joyeuse comme un enfant!

IV

Une question d'étiquette.

La reine n'avait pas fait dix pas hors du guichet, qu'un homme enveloppé d'un carrick bleu, et le visage caché sous un chapeau de toile cirée, lui saisissait convulsivement le bras, et l'entraînait vers un remise stationnant au coin de la rue Saint-Nicaise.

Cet homme, c'était le comte de Charny.

Ce remise, c'était celui où, depuis plus d'une demi-heure, attendait toute la famille royale.

On croyait voir arriver la reine consternée, abattue, mourante ; elle arrivait riante et joyeuse ; les dangers courus, la fatigue essuyée, l'erreur commise, le temps perdu, la conséquence que ce retard pouvait avoir, — le coup de badine qu'elle venait de donner à la voiture de la Fayette, et qu'elle se mblait avoi donné à lui-même, lui avait fait oublier tout cela.

A dix pas du remise, un domestique tenait un cheval en main.

Charny ne fit qu'indiquer du doigt ce cheval à Isidore, Isidore sauta dessus, et partit au galop.

Il allait d'avance à Bondy, afin d'y commander les chevaux.

La reine, le voyant partir, lui jeta quelques paroles de remerciement qu'il n'entendit pas.

— Allons, madame, allons, dit Charny, avec une volonté mêlée de respect que les hommes véritablement forts savent si bien prendre dans les grandes occasions, — il n'y a pas une seconde à perdre.

La reine entra dans le remise, où étaient déjà le roi, madame Élisabeth, Madame Royale, le Dauphin et madame de Tourzel, c'est-à-dire cinq personnes; elle s'assit au fond, prit le Dauphin sur ses genoux; le roi s'assit près d'elle; madame Élisabeth, Madame Royale et madame de Tourzel s'assirent sur le devant.

Charny referma la portière, monta sur le siége, et, pour dérouter les espions, s'il en existait, il fit tourner les chevaux, remonta la rue Saint-Honoré, prit les boulevards à la Madeleine, et les suivit jusqu'à la porte Saint-Martin.

La voiture était là attendant sur un chemin extérieur conduisant à ce que l'on appelait la Voirie.

Ce chemin était désert.

Le comte de Charny sauta à bas de son siége, et ouvrit la portière du remise.

Celle de la grande voiture qui devait servir au voyage était déjà ouverte. M. de Malden et M. de Valory se tenaient aux deux côtés du marche-pied.

En un instant les six personnes qui occupaient le carrosse de remise furent sur le chemin.

Alors, le comte de Charny conduisit ce carrosse sur le bas-côté de la route, et le versa dans un fossé.

Puis, il revint à la grande voiture.

Le roi monta le premier; puis la reine, puis madame Elisabeth; après madame Elisabeth, les deux enfants; après les deux enfants, madame de Tourzel.

M. de Malden monta derrière la voiture; M. de Valory s'établit près de Charny sur le siége.

La voiture était attelée de quatre chevaux. Un clappement de langue les fit partir au trot. Le conducteur les menait à grandes guides.

Le quart après une heure sonnait à l'église Saint-Laurent.

On mit une heure pour aller à Bondy.

Les chevaux, tout harnachés et prêts à être mis à la voiture, attendaient hors de l'écurie.

Isidore attendait près des chevaux.

De l'autre côté de la route stationnaît aussi un cabriolet tout attelé de chevaux de poste.

Dans ce cabriolet étaient deux femmes de chambre appartenant au service du Dauphin et de Madame Royale.

Elles avaient cru trouver une voiture à louer à Bondy, et, n'en ayant pas trouvé, elles s'étaient arrangées avec le maître du cabriolet, lequel leur avait vendu sa voiture mille francs.

Celui-ci, content du marché et voulant voir sans doute ce que devenaient les personnes qui avaient eu la bêtise de lui donner mille francs d'un pareil bahut, attendait en buvant à l'hôtel même de la poste.

Il vit arriver la voiture du roi conduite par Charny. Charny descendit du siége, et s'approcha de la portière.

Sous son manteau de cocher, il avait son habit d'uniforme; dans le coffre du siége était son chapeau.

Il était convenu, entre le roi, la reine et Charny, qu'à Bondy, Charny prendrait dans l'intérieur la place de madame de Tourzel, qui, alors, reviendrait seule à Paris.

Mais on avait, pour ce changement, oublié de consulter madame de Tourzel.

Le roi lui soumit la question.

Madame de Tourzel, outre son profond dévouement pour la famille royale, était, sur la question d'étiquette, le pendant de la vieille madame de Noailles.

— Sire, répondit-elle, ma charge est de veiller sur les enfants de France, et de ne pas les quitter d'un instant, à moins d'un ordre exprès de Votre Majesté, ordre qui n'aurait point de précédents ; — je ne les quitterai donc pas.

La reine frémit d'impatience. Une double raison lui faisait désirer d'avoir Charny dans la voiture : reine, elle y voyait sa sûreté ; femme, elle y trouvait sa joie.

— Chère madame de Tourzel, dit la

reine, nous vous sommes aussi reconnaissants que possible ; mais vous êtes souffrante... vous veniez par une exagération de dévouement... Restez à Bondy, et partout où nous serons venez nous rejoindre.

— Madame, répondit madame de Tourzel, que le roi ordonne, je suis prête à descendre et à demeurer, s'il le faut, sur la grande route ; mais un ordre du roi seul peut me faire, non-seulement manquer à mon devoir, mais encore renoncer à mon droit.

— Sire, dit la reine, Sire...

Mais le roi n'osait se prononcer dans

cette grave question; il cherchait un biais, une porte de sortie, un échappatoire.

— Monsieur de Charny, dit-il, ne pouvez-vous donc rester sur le siége?

— Je puis tout ce que voudra le roi, dit M. de Charny; seulement, j'y dois rester ou avec mon uniforme d'officier, — et, avec cet uniforme d'officier, on me voit, depuis quatre mois, sur la route, et chacun me reconnaîtra; — ou avec mon carrick et mon chapeau de cocher de remise, et le costume est un peu modeste pour une voiture si élégante.

— Entrez dans la voiture, monsieur

de Charny ; entrez ! dit la reine ; je prendrai le Dauphin sur mes genoux ; madame Elisabeth prendra Marie-Thérèse sur les siens, et cela ira à merveille... Nous serons un peu serrés, voilà tout.

Charny attendit la décision du roi.

— Impossible, ma chère, dit le roi; songez que nous avons quatre-vingt-dix lieues à faire !

Madame de Tourzel se tenait debout, prête à obéir à l'ordre du roi, si le roi lui ordonnait de descendre ; mais le roi n'osait le faire, tant sont grands chez les gens de cour même les plus petits préjugés.

— Monsieur de Charny, dit le roi au comte, ne pouvez-vous prendre la place de M. votre frère, et courir devant nous pour commander les chevaux ?

— J'ai dit au roi que j'étais prêt à tout ; seulement, je ferai observer au roi que d'habitude les chevaux sont commandés par des couriers, et non par un capitaine de vaisseau. Ce changement, qui étonnera les maîtres de poste, pourra amener de grands inconvénients.

— C'est juste, dit le roi.

— Oh ! mon Dieu ! mon Dieu ! murmura la reine au comble de l'impatience.

Puis, se retournant vers Charny :

— Arrangez-vous comme vous voudrez, monsieur le comte, dit la reine ; mais je ne veux pas que vous nous quittiez.

— C'est aussi mon désir, madame, dit Charny, et je ne vois qu'un moyen pour cela.

— Lequel? dites vite ! fit la reine.

—C'est qu'au lieu d'entrer dans la voiture, au lieu de monter sur le siége, au lieu de courir devant, je la suive en simple costume d'homme qui court la poste. Partez, madame, et, avant que vous ayez fait dix lieues, je serai à cinquante pas de votre voiture.

— Alors, vous retournerez à Paris?

— Sans doute, madame; mais, jusqu'à Châlons, Votre Majesté n'a rien à craindre, et, avant Châlons, je l'aurai rejointe.

— Mais comment allez-vous retourner à Paris?

— Sur le cheval avec lequel est venu mon frère, madame; c'est un excellent coureur; il a eu le temps de souffler, et, en moins d'une demi-heure, je suis à Paris.

— Alors ?

— Alors, madame, je mettrai un costume convenable ; je prendrai un cheval à la poste, et je courrai à franc étrier jusqu'à ce que je vous aie rejoints.

— N'y a-t-il pas d'autre moyen ? dit Marie-Antoinette au désespoir.

— Dame ! fit le roi, je n'en vois point...

— Alors, dit Charny, ne perdons pas de temps... Allons, Jean et François, à votre poste ! En avant, Melchior !... Postillons, à vos chevaux !

Madame de Tourzel triomphante se

rassit, et la voiture partit au galop suivie par le cabriolet.

L'importance de la discussion avait fait oublier de distribuer au vicomte de Charny, à M. de Valory et à M. de Malden les pistolets tout chargés qui étaient dans la caisse de la voiture.

Que se passait-il à Paris, vers lequel le comte de Charny revenait à franc étrier?

Un perruquier nommé Buseby, demeurant rue de Bourbon-Villeneuve, avait, dans la soirée, été visiter aux Tuileries un de ses amis qui y montait la garde; cet ami avait fort entendu parler, par ses officiers, de la fuite qui devait avoir lieu la nuit même, à ce que ceux-ci assuraient. Il en parla donc au perruquier, qui ne sut plus chasser de sa pensée cette idée, que ce projet était réel, et que cette fuite royale, dont on parlait depuis si longtemps, s'exécuterait pendant la nuit même.

Rentré chez lui, il avait raconté à sa femme ce qu'il venait d'apprendre aux Tuileries; mais celle-ci avait traité la chose de rêve; ce doute de la perruquière avait influé sur le mari, lequel avait fini par se déshabiller et se coucher, sans donner une autre suite à ses soupçons.

Mais, une fois couché, il avait été repris par sa première préoccupation, et, dès lors, elle était devenue si forte, qu'il n'avait pas eu le courage d'y résister ; il s'était jeté à bas de son lit, s'était rhabillé, et avait couru chez un de ses amis nommé Hucher, lequel était à la fois boulanger et sapeur du bataillon des Théatins.

Là, il avait rapporté tout ce qu'on lui avait dit aux Tuileries, et avait d'une façon si vive communiqué ses craintes au boulanger, à l'endroit de la fuite de la famille royale, que celui-ci, non-seulement les avait partagées, mais encore, plus ardent que celui même de qui il les tenait, avait sauté à bas de son lit, et, sans prendre le temps de passer d'autre vêtement qu'un caleçon, était sorti dans la rue, et, frappant aux portes, avait réveillé une trentaine de ses voisins.

Il était, alors, environ minuit un quart, et c'était quelques minutes après que la reine avait rencontré M. de la Fayette sous le guichet des Tuileries.

Les citoyens réveillés par le perruquier Buseby et le boulanger Hucher décidèrent que l'on se rendrait chez M. le général de la Fayette, et qu'on le préviendrait de ce qui se passait.

Aussitôt prise, la résolution fut exécutée. M. de la Fayette demeurait rue Saint-Honoré, hôtel de Noailles, près des Feuillants. Ils se mirent en route, et arrivèrent chez lui vers minuit et demi.

Le général, après avoir assisté au coucher du roi, après avoir été prévenir son ami Bailly que le roi était couché, après avoir fait une visite à M. Emmery, membre de l'Assemblée nationale, le général venait de rentrer chez lui, et s'apprêtait à se déshabiller.

En ce moment, on frappa à l'hôtel de Noailles. M. de la Fayette envoya son valet de chambre aux informations.

Celui-ci rentra bientôt disant que c'était vingt-cinq ou trente citoyens qui voulaient parler à l'instant même au général pour affaires de la plus haute importance.

Dès cette époque, le général la Fayette avait l'habitude des réceptions à quelque heure que ce fût.

D'ailleurs, comme, au bout du compte, une affaire pour laquelle se dérangeaient vingt-cinq ou trente citoyens pouvait et même devait être une affaire importante, il ordonna que ceux qui désiraient lui parler fussent introduits.

Le général n'eut qu'à repasser son habit, qu'il venait d'ôter, et il se trouva en costume de réception.

Alors, les sieurs Buseby et Hucher, en leur nom et au nom de leurs compagnons, lui exposèrent leurs craintes, le sieur Buseby les appuyant sur ce qu'il avait entendu dire aux Tuileries, les autres sur ce qu'ils entendaient dire journellement de tous côtés.

Mais, de toutes ces craintes, le général ne fit que rire; et, comme il était bon prince et fort causeur, il leur raconta d'où venaient tous ces bruits; comment ils avaient été répandus par madame de Rochereul et M. de Gouvion; comment lui, pour s'assurer de leur faussseté, avait vu se coucher le roi; comment eux pourraient le voir se coucher, lui, la Fayette, s'ils restaient quelques minutes encore. Enfin, toute cette causerie ne paraissant point suffisante à les rassurer, M. de la Fayette leur dit qu'il répondait du roi et de la famille royale sur sa tête.

Il était impossible, après cela, de manifester un doute; ils se contentèrent donc de demander à M. de la Fayette le mot d'ordre, afin qu'on n'inquiétât point leur retour. M. de la Fayette ne vit pas de difficultés à leur faire ce plaisir, et leur donna le mot d'ordre.

Cependant, munis du mot d'ordre, ils résolurent de visiter la salle du Manège, pour savoir s'il n'y avait rien de nouveau de ce côté-là, et les cours du château, pour voir s'il ne s'y passait rien d'extraordinaire.

Ils revenaient le long de la rue Saint-Honoré, et allaient s'engager dans la rue de l'Échelle, lorsqu'un cavalier lancé au galop vint donner au milieu d'eux.

Comme, en une pareille nuit, tout était évènement, ils croisèrent leurs fusils, criant au cavalier d'arrêter.

Le cavalier s'arrêta.

— Que voulez-vous? demanda-t-il.

— Nous voulons savoir où vous allez, dirent les gardes nationaux.

— Je vais aux Tuileries.

— Qu'allez-vous faire aux Tuileries?

— Rendre compte au roi d'une mission dont il m'a chargé.

— A cette heure-ci?

— Sans doute, à cette heure-ci.

Un des plus malins fit signe aux autres de le laisser faire.

— Mais, à cette heure-ci, répéta-t-il, le roi est couché.

— Oui, répondit le cavalier, mais on le réveillera.

— Si vous avez affaire au roi, reprit le même homme, vous devez avoir le mot d'ordre.

— Ce ne serait pas une raison, observa le cavalier, attendu que je pourrais arriver de la frontière, au lieu d'arriver tout simplement de trois lieues d'ici, et être parti il y a un mois, au lieu d'être parti il y a deux heures.

— C'est juste, dirent les gardes nationaux.

— Alors, vous avez vu le roi, il y a deux heures? continua l'interrogateur.

— Oui.

— Vous lui avez parlé?

— Oui.

— Qu'allait-il faire, il y a deux heures?

— Il n'attendait que la sortie du général la Fayette pour se coucher.

— De sorte que vous avez le mot d'ordre?

— Sans doute; le général, sachant que je devais rentrer aux Tuileries vers une heure ou deux du matin, me l'avait donné, afin que je n'éprouvasse point de retard.

— Et ce mot d'ordre ?

— Paris et Poitiers.

— Allons, dirent les gardes nationaux, c'est bien cela. Bon retour, camarade, et dites au roi que vous nous avez trouvés veillant à la porte du château, de peur qu'il ne se sauve !

Et ils s'écartèrent devant le cavalier.

— Je n'y manquerai pas, répondit celui-ci.

Et, piquant son cheval des deux, il s'élança sous le guichet des Tuileries, où il disparut.

— Si nous attendions qu'il sortît des Tuileries pour savoir s'il a vu le roi, dit un des gardes nationaux.

— Mais, s'il loge aux Tuileries, dit un autre, nous attendrons donc jusqu'à demain?

— C'est juste, dit le premier; et, ma foi, puisque le roi est couché, puisque M. de la Fayette se couche, allons nous coucher à notre tour, et vive la Nation!

Les vingt-cinq ou trente patriotes répétèrent en chœur le cri de « vive la Nation! » et allèrent se coucher, heureux et fiers d'avoir appris de la bouche même de la Fayette qu'il n'y avait point à craindre que le roi quittât Paris.

V

La Route.

Nous avons vu partir au grand trot de quatre vigoureux chevaux de poste la voiture qui emmenait le roi et sa famille. Suivons-les sur la route dans tous les détails du voyage, comme nous les avons suivis dans tous les détails de leur fuite.

L'évènement est si grand, et a exercé une influence si fatale sur leur destinée, que le moindre accident de cette route nous semble digne de curiosité ou d'intérêt.

Le jour vint vers trois heures du matin ; la voiture relayait à Meaux. Le roi eut faim, et l'on commença d'entamer les provisions ; ces provisions étaient un morceau de veau froid, qu'avait fait placer, avec du pain et quatre bouteilles de vin de Champagne non mousseux, le comte de Charny dans la cantine de la voiture.

Comme on n'avait ni couteaux ni fourchettes, le roi appela Jean.

Jean, on se le rappelle, était le nom de voyage de M. de Malden.

M. de Malden s'approcha.

— Jean, dit le roi, prêtez-nous votre couteau de chasse, que je puisse découper ce veau.

Jean tira son couteau de chasse du fourreau, et le présenta au roi.

Pendant ce temps, la reine se penchait hors de la voiture, et regardait en arrière, sans doute pour voir si Charny ne venait pas.

— Voulez-vous prendre quelque

chose, monsieur de Malden? dit à demi-voix le roi.

— Non, Sire, répondit M. de Malden aussi à voix basse, je n'ai encore besoin de rien.

— Que ni vous ni vos compagnons ne se gênent, dit le roi.

Puis, se retournaut vers la reine, qui regardait toujours par la portière.

— A quoi pensez-vous donc, madame? dit-il.

— Moi? dit la reine en essayant de sourire; je pense à M. de la Fayette...

Probablement qu'à cette heure-ci, il n'est pas à son aise !

Puis, à M. de Valory, qui à son tour s'approchait de la portière :

— François, dit-elle, il me semble que tout va bien, et que nous serions déjà arrêtés si nous eussions dû l'être... On ne se sera point aperçu de notre départ.

— C'est plus que probable, madame, répondit M. de Valory, car je ne remarque nulle part ni mouvement ni suspicion... Allons, allons, courage, madame ! tout va bien !

— En route ! cria le postillon.

MM. de Malden et de Valory remontèrent sur leur siége, et la voiture continua son chemin.

Vers huit heures du matin, on arriva au bas d'une longue montée; il y avait, à droite et à gauche de cette montée, un joli bois où les oiseaux chantaient, et que les premiers rayons du soleil d'un des plus beaux jours de juin perçaient comme des flèches d'or.

Le postillon mit les chevaux au pas.

Les deux gardes sautèrent à bas du siége.

— Jean, dit le roi, faites arrêter la voiture, et ouvrez-nous la portière... Je voudrais marcher, et je crois que les enfants et la reine ne seront pas fâchés non plus de faire cette petite traite à pied.

M. de Malden fit un signe; le postillon arrêta. La portière s'ouvrit: le roi, la reine, madame Élisabeth et les deux enfants descendirent. Madame de Tourzel seule resta, étant trop souffrante pour descendre.

A l'instant même, toute la petite colonie royale se répandit par le chemin; le Dauphin se mit à courir après des papillons, Madame Royale à cueillir des fleurs.

Madame Élisabeth prit le bras du roi; — la reine marcha seule.

A voir cette famille éparpillée ainsi sur le chemin, ces beaux enfants jouant et courant, cette sœur appuyée au bras de son frère et lui souriant, cette belle femme pensive et regardant en arrière, tout cela éclairé par un beau et matinal soleil de juin projetant l'ombre transparente de la forêt jusqu'au milieu de la route, on eût dit une joyeuse famille regagnant son château pour y reprendre le cours de sa vie paisible et régulière, et non un roi et une reine de France fuyant un trône vers lequel on ne devait les ramener que pour les conduire jusqu'à l'échafaud.

Il est vrai qu'un incident devait bientôt apporter, dans ce calme et serein tableau, le trouble des différentes passions dormant au fond des cœurs des divers personnages de cette histoire.

Tout à coup, la reine s'arrêta comme si ses pieds eussent pris racine dans la terre.

Un cavalier apparaissait à un quart de lieue à peu près, enveloppé dans le nuage de poussière que soulevait le galop de son cheval.

Marie-Antoinette n'osa pas dire : « C'est le comte de Charny ! »

Mais un cri s'échappa de sa poitrine.

—Ah! des nouvelles de Paris! dit-elle.

Tout le monde se retourna, excepté le Dauphin; l'insoucieux enfant venait d'attraper le papillon après lequel il courait : peu lui importait les nouvelles de Paris!

Le roi, un peu myope, tira une petite lorgnette de sa poche.

— Eh! dit-il, c'est, je crois, M. de Charny.

— Oui, Sire, dit la reine, c'est lui.

— Continuons, continuons de monter,

dit le roi ; il nous rejoindra toujours, et nous n'avons pas de temps à perdre.

La reine n'osa point dire que, sans doute, les nouvelles qu'apportait M. de Charny valaient la peine d'être attendues.

Au reste, c'était un retard de quelques secondes seulement : le cavalier arrivait de toute la vitesse de son cheval.

Lui-même, de son côté, et à mesure qu'il approchait, regardait avec une grande attention, et paraissait ne pas comprendre pourquoi la gigantesque voiture avait répandu ses voyageurs sur le grand chemin.

Enfin, il les rejoignit au moment où la voiture atteignait le sommet de la montée, et faisait halte à ce sommet.

C'était bien M. de Charny, comme l'avaient deviné le cœur de la reine et les yeux du roi.

Il était vêtu d'une petite redingote verte à collet flottant, d'un chapeau à large ganse et à boucle d'acier, d'un gilet blanc, d'une culotte de peau collante et de grandes bottes militaires montant jusqu'au-dessus du genou.

Son teint, ordinairement d'un blanc mat, était animé par la course, et les étincelles de la flamme qui rougissait son visage jaillissaient de ses prunelles.

Il y avait quelque chose d'un vainqueur dans son souffle puissant, et dans sa narine dilatée.

Jamais la reine ne l'avait vu si beau!

Elle poussa un profond soupir.

Lui sauta à bas de son cheval, et s'inclina devant le roi.

Puis, se retournant, il salua la reine.

Tout le monde se groupa autour de lui, excepté les deux gardes, qui demeurèrent éloignés par discrétion.

— Approchez, messieurs, approchez, dit le roi ; les nouvelles que nous apporte M. de Charny regardent tout le monde.

— D'abord, Sire, tout va bien, dit Charny, et, à deux heures du matin encore, nul ne soupçonnait votre fuite.

Chacun respira.

Puis les questions se multiplièrent.

Charny raconta comment il était rentré à Paris ; comment il avait rencontré, rue de l'Échelle, la patrouille de patriotes ; comment il avait été interrogé par elle, et comment il l'avait laissée convaincue que le roi était couché et dormait.

Puis il dit comment, une fois dans l'intérieur des Tuileries, calmes comme aux jours ordinaires, il était monté à sa chambre, avait changé de costume, était redescendu par les corridors du roi, et s'était ainsi assuré que nul ne se doutait de la fuite de la famille royale ; — pas même M. de Gouvion, qui, voyant que cette ligne de sentinelles qu'il avait établie autour de l'appartement du roi ne servait à rien, l'avait brisée, et avait renvoyé chez eux officiers et chefs de bataillon.

Alors, M. de Charny avait repris son cheval, qu'il avait fait tenir dans la cour par un des domestiques de ville, et, pensant qu'il aurait grand'peine à se faire donner, à pareille heure, un bidet à la poste de Paris, il était reparti pour Bondy sur le même cheval ; ce malheureux cheval était arrivé à peu près fourbu, mais, enfin, il était arrivé ; c'était tout ce qu'il fallait.

Là, le comte avait pris un cheval frais, et il avait continué son chemin.

Du reste, rien d'inquiétant sur la route parcourue.

La reine trouva moyen de tendre la main à Charny ; — de si bonnes nouvelles apportées valaient bien une pareille faveur.

Charny baisa respectueusement la main de la reine.

Pourquoi la reine pâlit-elle ?

Était-ce de joie, si Charny lui avait serré la main ?

Était-ce de douleur, s'il ne la lui avait pas serrée ?

On remonta en voiture ; la voiture partit ; Charny galoppa à la portière.

A la prochaine poste, on trouva les chevaux préparés, moins le cheval de selle de Charny.

Isidore n'avait pu commander ce cheval de selle, ne sachant pas que son frère en eût besoin.

Il y eut donc un retard pour ce cheval

de selle ; — la voiture repartit. — Cinq minutes après, Charny était en selle.

D'ailleurs, il était convenu qu'il suivrait la voiture, et non qu'il l'escorterait.

Seulement, il la suivait d'assez près pour que la reine, en passant sa tête par la portière l'aperçut, et pour qu'à chaque relai, il arrivât de manière à avoir le temps d'échanger quelques paroles avec les illustres voyageurs.

Charny venait de relayer à Montmirail ; il croyait que la voiture avait un quart-d'heure d'avance sur lui, quand, tout à coup, au détour d'une rue, son cheval donne du nez contre la voiture arrêtée, et contre les deux gardes, qui essaient de raccommoder un trait.

Le comte saute à bas de son cheval, passe la tête par la portière pour recommander au roi de se cacher, et à la reine de ne pas être inquiète. Puis il ouvre une espèce de coffre où sont placés d'avance tous les outils ou tous les objets qu'un accident quelconque rend nécessaires.

On y trouve une paire de traits; on en prend un par lequel on remplace le trait cassé.

Les deux gardes profitent de ce temps

d'arrêt pour demander leurs armes ; mais le roi s'oppose formellement à ce qu'on les leur remette. On lui objecte le cas où la voiture serait arrêtée ; mais il répond que, dans aucun cas, il ne veut que le sang coule pour lui.

Enfin, le trait est raccommodé, le coffre refermé ; les deux gardes remontent sur leur siège, Charny se remet en selle, et la voiture part.

Seulement, on a perdu plus d'une demi-heure, et, cela, quand chaque minute perdue est une perte irréparable !

A deux heures, on arriva à Châlons.

— Si nous arrivons à Châlons sans être arrêtés, avait dit le roi, tout ira bien !

On était arrivé à Châlons sans être arrêté, et l'on relayait.

Le roi s'était montré un instant. Au milieu des groupes formés autour de la voiture, deux hommes l'avaient regardé avec une attention soutenue.

Tout à coup, un de ces deux hommes s'éloigne et disparaît.

L'autre s'approche.

— Sire, dit-il à demi-voix, ne vous montrez pas ainsi, ou vous vous perdrez !

Alors, s'adressant aux postillons :

— Allons donc, paresseux ! dit-il ; est-ce que c'est comme cela qu'on sert de braves voyageurs qui paient trente sous de guides ?

Et il se mit lui-même à l'ouvrage aidant les postillons.

C'était le maître de poste.

Enfin, les chevaux sont attelés, les postillons en selle ; le premier postillon veut enlever ses chevaux ;

Tous les deux s'abattent.

Les chevaux se relèvent sous les coups de fouet ; on veut lancer la voiture, les deux chevaux du second postillon s'abattent à leur tour.

Le postillon est pris sous son cheval.

Charny, qui attend, s'élance, tire le postillon à lui, et le dégage de dessous son cheval, où il laisse ses bottes fortes.

— Oh! monsieur, s'écrie Charny s'adressant au maître de poste, dont il ignore le dévouement, quels chevaux nous avez-vous donnés là!

— Les meilleurs de l'écurie, répond celui-ci.

Seulement, les chevaux sont tellement embarrassés dans les traits, que plus ils essaient de se relever, plus ils s'engagent.

Charny se jette sur les traits.

— Allons, dit-il, dételons et rattelons... nous aurons plus tôt fait !

Le maître de poste se remet à la besogne en pleurant de désespoir.

Pendant ce temps, l'homme qui s'est éloigné et qui a disparu court chez le maire ; il lui annonce qu'en ce moment, le roi et toute la famille royale relaient à la poste, et il lui demande un ordre pour les arrêter.

Par bonheur, le maire est peu républicain ou ne se soucie pas de prendre sur lui une pareille responsabilité. Au lieu de s'assurer du fait, il demande à son tour toutes sortes d'explications, nie que la chose puisse être vraie, et, enfin, poussé à bout, arrive à l'hôtel de la poste au moment où la voiture disparaît au tournant de la rue. — On a perdu plus de vingt minutes !

L'alarme est dans la voiture royale : ces chevaux s'abattant les uns après les autres sans aucune raison de s'abattre rappellent à la reine ces bougies s'éteignant toutes seules.

Cependant, en sortant des portes de la

ville, le roi, la reine et madame Élisabeth dirent ensemble :

— Nous sommes sauvés !

Mais, cent pas plus loin, un homme s'élance, passe sa tête par la portière, et crie aux illustres voyageurs :

— Vos mesures sont mal prises, vous serez arrêtés !

La reine pousse un cri; l'homme se jette de côté, et disparaît dans un petit bois.

Heureusement, on n'est plus qu'à quatre lieues de Pont-de-Sommevelle, où l'on trouvera M. de Choiseul et ses quarante hussards.

Seulement, il est trois heures de l'après-midi, et l'on est en retard de près de quatre heures!...

VI

Fatalité.

On se rappelle M. le duc de Choiseul courant la poste avec Léonard, qui se désespère d'avoir laissée ouverte la porte de sa chambre, d'emporter le chapeau et la redingote de son frère, et de manquer à la promesse qu'il avait faite à madame de l'Aage de la coiffer.

Ce qui consolait le pauvre Léonard, c'est que M. de Choiseul lui avait positivement dit qu'il l'emmenait à deux ou trois lieues seulement, pour lui donner une commission particulière de la part de la reine, et qu'après, il serait libre.

Aussi, en arrivant à Bondy, en sentant s'arrêter la voiture, il respira et fit ses dispositions pour descendre.

Mais M. de Choiseul l'arrêta en lui disant :

— Ce n'est point encore ici.

Les chevaux étaient commandés d'avance ; en quelques secondes, ils furent attelés, et la voiture repartit comme un trait.

— Mais, monsieur, dit le pauvre Léonard, où allons-nous donc?

— Pourvu que vous soyez de retour demain matin, répondit M. de Choiseul, que vous importe le reste?

— Le fait est, dit Léonard, que, pourvu que je sois aux Tuileries à dix heures pour coiffer la reine...

— C'est tout ce qu'il vous faut, n'est-ce pas?

— Sans doute... seulement, j'y serais

plus tôt, qu'il n'y aurait pas de mal, attendu que je pourrais tranquilliser mon frère, et expliquer à madame de l'Aage que ce n'est pas ma faute si je lui ai manqué de parole.

— Si ce n'est que cela, tranquillisez-vous, mon cher Léonard, tout ira pour le mieux, répondit M. de Choiseul.

Léonard n'avait aucune raison de croire que M. de Choiseul l'enlevât ; aussi se tranquillisa-t-il, momentanément du moins.

Mais, à Claye, voyant qu'on mettait de nouveaux chevaux à la voiture, et qu'il n'était aucunement question de s'arrêter :

— Ah çà! monsieur le duc, s'écria le malheureux, nous allons donc au bout du monde?

— Ecoutez, Léonard, lui dit, alors, M. de Choiseul d'un air sérieux, ce n'est point dans une maison voisine de Paris que je vous mène; c'est à la frontière.

Léonard poussa un cri, appuya ses deux mains sur ses genoux, et regarda le duc d'un air terrifié.

— A la .. à la... frontière ? balbutia-t-il.

— Oui, mon cher Léonard; je dois trouver là, à mon régiment, une lettre de la plus haute importance pour la reine. Ne pouvant la lui remettre moi-même, il me fallait quelqu'un de sûr pour la lui envoyer : je l'ai priée de m'indiquer ce quelqu'un : elle vous a choisi comme étant, par votre dévouement, le plus digne de sa confiance.

— Oh! monsieur, s'écria Léonard, sûrement que j'en suis digne, de la confiance de la reine! mais comment reviendrai-je? je suis en escarpins, en bas de soie blancs, en culotte de soie! je n'ai ni linge, ni argent!

Le brave garçon oubliait qu'il avait pour deux millions de diamants à la reine dans ses poches.

— Ne vous inquiétez pas, mon cher

ami, lui dit M. de Choiseul ; j'ai, dans ma voiture, bottes, habits, linge, argent, tout ce qui vous sera nécessaire enfin, et rien ne vous manquera.

— Sans doute, monsieur le duc, avec vous, j'en suis bien sûr, rien ne me manquera... mais mon pauvre frère, dont j'ai pris le chapeau et la redingote... mais cette pauvre madame de l'Aage, qui n'est bien coiffée que par moi... mon Dieu ! mon Dieu ! comment tout cela finira-t-il ?

— Au mieux, mon cher Léonard ! je l'espère, du moins, dit M. de Choiseul.

On allait comme le vent. M. de Choiseul avait dit à son courrier de faire préparer deux lits et un souper à Montmirail, où il passerait le reste de la nuit.

En arrivant à Montmirail, les voyageurs trouvèrent les deux lits prêts, et le souper servi.

A part la redingote et le chapeau de son frère ; à part la douleur d'avoir été forcé de manquer de parole à madame de l'Aage, Léonard était à peu près consolé. De temps en temps, il laissait même échapper quelque expression de contentement par laquelle il était facile de voir que son orgueil était flatté que la reine l'eût choisi pour une mission aussi importante que celle dont il paraissait être chargé.

Après le souper, les deux voyageurs se couchèrent, — M. de Choiseul ayant recommandé que sa voiture l'attendît tout attelée à quatre heures.

A quatre heures moins un quart, on devait venir frapper à sa porte pour le réveiller au cas où il dormirait.

A trois heures, M. de Choiseul n'avait pas encore fermé l'œil, quand, de sa chambre, placée au-dessus de la porte d'entrée de la poste, il entend le roulement d'une voiture accompagné de ces coups de fouet avec lesquels les voyageurs ou les postillons annoncent leur arrivée.

Sauter à bas du lit, et courir à la fenêtre fut pour M. de Choiseul l'affaire d'un instant.

Un cabriolet était arrêté à la porte ; deux hommes en descendaient vêtus d'habits de gardes nationaux, et demandaient des chevaux avec instance.

Qu'était-ce que ces gardes nationaux? que voulaient-ils, à trois heures du matin, et pourquoi cette instance à demander des chevaux?

M. de Choiseul appela son domestique, et lui ordonna de faire atteler.

Puis il éveilla Léonard.

Les deux voyageurs s'étaient jetés

sur leurs lits tout habillés, ils furent donc prêts en un instant.

Lorsqu'ils descendirent, les deux voitures étaient tout attelées.

M. de Choiseul recommanda au postillon de laisser passer la voiture des deux gardes nationaux la première. Seulement, il devait la suivre de manière à ne pas la perdre de vue une minute.

Puis il examina les pistolets qu'il avait dans les poches de sa voiture, et en renouvela les amorces, ce qui donna quelques inquiétudes à Léonard.

On marcha ainsi pendant une lieue ou

une lieue et demie ; mais, entre Etoge et Chaintry, le cabriolet coupa par un chemin de traverse allant du côté de Jalons ou d'Epernay.

Les deux gardes nationaux, auxquels M. de Choiseul croyait de mauvaises intentions, étaient deux braves citoyens qui revenaient de la Ferté, et qui rentraient chez eux.

Tranquille sur ce point, M. de Choiseul continua sa route.

A dix heures, il traverse Châlons ; à onze, il arrive à Pont-de-Sommevelle.

Il s'informe ; les hussards ne sont pas encore arrivés.

Il s'arrête à la maison de poste, descend, demande une chambre, et revêt son uniforme.

Léonard regardait tous ces apprêts avec une vive inquiétude, et il les accompagnait de soupirs qui touchaient M. de Choiseul.

— Léonard, lui dit-il, il est temps de vous faire connaître la vérité.

— Comment, la vérité! s'écria Léonard, marchant de surprises en surprises; mais je ne la sais donc pas, la vérité?

— Vous en savez une partie, et je vais vous apprendre le reste.

Léonard joignit les mains.

— Vous êtes dévoué à vos maîtres, n'est-ce pas, mon cher Léonard?

— A la vie et à la mort, monsieur le duc!

— Et bien, dans deux heures, ils seront ici.

— Oh! mon Dieu! est-ce possible? s'écria le pauvre garçon.

— Oui, continua M. de Choiseul, ici... avec les enfants, avec madame Elisabeth... Vous savez quels dangers ils ont courus? — Léonard fit de la tête un signe affirmatif; — quels dangers ils courent encore? — Léonard leva les yeux au ciel; — eh bien, dans deux heures, ils seront sauvés!

Léonard ne pouvait répondre, il pleurait à chaudes larmes.

Cependant, il parvint à balbutier :

— Dans deux heures... ici... Êtes-vous bien sûr?

— Oui, dans deux heures... Ils ont dû partir des Tuileries à onze heures ou onze heures et demie du soir; ils ont dû être à midi à Châlons... Mettons une heure et demie pour faire les quatre lïeues que nous venons de faire... Ils seront ici à deux heures au plus tard. Nous allons demander à dîner. J'attends un détachement de hussards que doit m'amener M. de Goguelat ; nous ferons durer le dîner le plus longtemps possible...

— Oh ! monsieur, interrompit Léonard je n'ai aucune faim !

— N'importe ! vous ferez un effort, et vous mangerez.

— Oui, monsieur le duc.

— Nous ferons donc durer le dîner le plus longtemps possible, afin d'avoir un prétexte de rester... Eh! tenez, voici les hussards qui arrivent.

En effet, on entendait, en même temps, et la trompette et le pas des chevaux.

En ce moment, M. de Goguelat entra dans la chambre, et remit à M. de Choiseul un paquet de la part de M. de Bouillé.

Ce paquet contenait six blancs-seings et un double de l'ordre formel donné par le roi à tous les officiers de l'armée, quels que fussent leur grade et leur ancienneté, d'obéir à M. de Choiseul.

M. de Choiseul fit mettre les chevaux

au piquet, distribua du pain et du vin aux hussards, et se mit à table de son côté.

Les nouvelles qu'apportait M. de Goguelat n'étaient pas bonnes. Partout sur son chemin, il avait trouvé une grande effervescence ; il y avait plus d'un an que ces bruits de départ du roi circulaient, non-seulement à Paris, mais encore en province; et les détachements de corps de différentes armes stationnant à Sainte-Menehould et à Varennes avaient fait naître des soupçons.

Il avait même entendu sonner le tocsin dans une commune voisine de la route.

Tout cela était bien fait pour couper l'appétit même à M. de Choiseul. Aussi, après une heure passée à table, et, comme l'horloge venait de sonner midi et demi, se leva-t-il, et, laissant la garde du détachement à M. Boudet, gagna-t-il la route, qui, placée à l'entrée de Pont-de-Sommeveile, sur une hauteur, permet d'embrasser plus d'une demi-lieue de chemin.

On ne voyait ni courrier ni voiture; mais il n'y avait encore là rien d'étonnant; on n'attendait pas, comme nous l'avons dit, — car M. de Choiseul faisait la part des petits accidents, — on n'attendait pas le courrier avant une heure ou une heure et demie, le roi avant une heure et demie ou deux heures.

Cependant, le temps s'écoulait, et rien ne paraissait sur la route, du moins rien qui ressemblât à ce qu'on attendait.

De cinq minutes en cinq minutes, M. de Choiseul tirait sa montre, et, à chaque fois qu'il tirait sa montre, Léonard disait :

— Ah! ils ne viendront pas!... Mes pauvres maîtres, mes pauvres maîtres! il leur sera arrivé malheur!

Et le pauvre garçon, par son désespoir, ajoutait encore aux inquiétudes de M. de Choiseul.

A deux heures et demie, à trois heures, à trois heures et demie, pas de courrier ! pas de voiture ! — On se rappelle qu'à trois heures seulement le roi quittait Châlons.

Mais, pendant que M. de Choiseul attendait ainsi sur la route, la *fatalité* préparait à Pont-de-Sommevelle un évènement qui devait avoir la plus grave influence sur tout le drame que nous racontons.

La fatalité — répétons le mot — avait fait que, juste quelques jours auparavant, les paysans d'une terre appartenant à madame d'Elbœuf, terre située près de Pont-de-Sommevelle, avaient refusé le paiement des droits non-rachetables.

Alors, on les avait menacés d'exécution militaire; mais la fédération avait porté ses fruits, et les paysans des villages environnants avaient promis main-forte aux paysans de la terre de madame d'Elbœuf, si ces menaces se réalisaient.

En voyant arriver et stationner les hussards, les paysans crurent que ceux-ci venaient dans un but hostile.

Des courriers furent donc expédiés de Pont-de-Sommevelle aux villages voisins, et, vers trois heures, le tocsin commença de sonner dans toute la contrée.

En entendant ce bruit, M. de Choiseul rentra à Pont-de-Sommevelle; il trouva son sous-lieutenant M. Boudet fort inquiet.

Des menaces sourdes étaient faites aux hussards, qui étaient justement, à cette époque, un des corps les plus détestés de l'armée ; les paysans les narguaient et venaient chanter jusque sous leur nez cette chanson improvisée :

> Les hussards sont des gueux ;
> Mais nous nous moquons d'eux !

En outre, d'autres personnes mieux informées ou plus perspicaces commençaient à dire tout bas que les hussards étaient là, non pour exécuter les paysans de madame d'Elbœuf, mais pour attendre le roi et la reine.

Sur ces entrefaites, quatre heures sonnent sans amener ni courrier ni nouvelles.

Cependant, M. de Choiseul se décide à rester encore ; seulement, il fait remettre les chevaux de poste à sa voiture, se charge des diamants de Léonard, et expédie celui-ci à Varennes, en lui recommandant de dire, en passant à Sainte-Menehould, à M. Dandoins ; à Clermont, à M. de Damas, et, à Varennes, à M. de Bouillé fils, la situation où il se trouve.

Puis, pour calmer l'exaltation qui se manifeste autour de lui, il déclare que lui et ses hussards ne sont point là, comme on le croit, pour procéder contre les paysans de madame d'Elbœuf, mais qu'ils y sont pour attendre et escorter un trésor que le ministre de la guerre envoie à l'armée.

Mais ce mot *trésor*, qui présente un double sens, en calmant l'irritabilité sur un point, confirme les soupçons sur l'autre. Le roi et la reine aussi sont un *trésor*, et voilà bien certainement le trésor qu'attend M. de Choiseul.

Au bout d'un quart d'heure, M. de Choiseul et ses hussards sont tellement pressés et entourés, qu'il comprend ne pouvoir tenir plus longtemps, et que, si, par malheur, le roi et la reine arrivent en ce moment, il sera impuissant à les protéger, lui et ses quarante hussards.

Son ordre est de *faire en sorte que la voiture du roi continue sa marche sans obstacle.*

Au lieu d'être une protection, sa présence est devenue un obstacle.

Ce qu'il a de mieux à faire, même dans le cas où le roi arriverait, c'est donc de partir.

En effet, son départ rendra la liberté à la route.

Seulement, il faut un prétexte pour partir.

Le maître de poste est là au milieu de

cinq ou six cents curieux dont il ne faut qu'un mot pour faire des ennemis.

Il regarde, comme les autres, les bras croisés ; il est sous le nez de M. de Choiseul lui-même.

— Monsieur, lui dit le duc, avez-vous connaissance de quelque envoi d'argent expédié ces jours-ci à Metz ?

— Ce matin même, répond le maître de poste, la diligence y a porté cent mille écus ; elle était escortée de deux gendarmes.

— En vérité ? dit M. de Choiseul tout étourdi de la partialité avec laquelle le hasard le sert.

— Parbleu ! dit un gendarme ; c'est si vrai, que c'est moi et Robin qui étions d'escorte.

— Alors, dit M. de Choiseul se tournant tranquillement vers M. de Goguelat, le ministre aura préféré ce mode d'envoi, et, comme notre présence ici n'a plus de motif, je crois que nous pouvons nous retirer... Allons, hussards, bridez les chevaux.

Les hussards, assez inquiets, ne demandaient pas mieux que d'obéir à cet ordre. En un instant les chevaux furent bridés et les hussards à cheval.

Ils se rangèrent sur une ligne.

M. de Choiseul passa sur le front de la ligne, jeta un regard du côté de Châlons, et, avec un soupir :

— Allons, hussards, dit-il, rompez quatre par quatre, et au pas.

Et il sortit de Pont-de-Sommevelle trompette en tête, comme l'horloge sonnait cinq heures et demie.

A deux cents pas du village, M. de Choiseul prit la traverse, afin d'éviter Sainte-Menehould, où l'on disait que régnait une grande agitation.

Juste en ce moment-là, Isidore de Charny, poussant des éperons et du fouet un cheval avec lequel il avait mis deux heures à faire quatre lieues, arrivait à la poste, relayait, s'informait, en relayant, si l'on n'avait pas vu un détachement de hussards, apprenait que ce détachement venait de partir au pas, il y avait un quart d'heure, par la route de Sainte-Menehould, commandait les chevaux, et, espérant rejoindre M. de Choiseul et l'arrêter dans sa retraite, partait au grand galop d'un cheval frais.

M. de Choiseul, on vient de le voir, avait quitté la route de Sainte-Menehould, et pris la traverse précisément à l'instant où le vicomte de Charny arrivait à la poste; — de sorte que le vicomte de Charny ne le rejoignit pas.

VII

Fatalité.

Dix minutes après le départ d'Isidore de Charny arriva la voiture du roi.

Comme l'avait prévu M. de Choiseul, le rassemblement était tout à fait dissipé.

Le comte de Charny, sachant qu'il devait y avoir un premier détachement de troupes à Pont-de-Sommevelle, n'avait point pensé qu'il fût urgent pour lui de rester en arrière : il galoppait à la portière de la voiture pressant les postillons, qui semblaient avoir reçu un mot d'ordre, et faire exprès de marcher au petit trot.

En arrivant à Pont-de-Sommevelle, et en ne voyant ni les hussards ni M. de Choiseul, le roi sortit avec inquiétude sa tête de la voiture.

— Par grâce, Sire, dit Charny, ne vous montrez pas ! je vais m'informer...

Et il entra dans la maison de poste.

Cinq minutes après, il reparut ; il venait de tout apprendre, il répéta tout au roi.

Le roi comprit que c'était pour lui laisser le passage libre que M. de Choiseul s'était retiré.

L'important était de gagner du chemin, et d'arriver à Sainte-Menehould. Sans doute, M. de Choiseul s'était replié sur Sainte-Menehould, et l'on trouverait réunis dans cette ville hussards et dragons.

Au moment du départ, Charny s'approcha de la portière.

— Qu'ordonne la reine? demanda-t-il; dois-je aller en avant? dois-je suivre derrière?

— Ne me quittez pas, dit la reine.

Charny s'inclina sur son cheval, et galoppa près de la portière.

Cependant, Isidore courait devant, ne comprenant rien à cette solitude de la route, tracée dans une ligne si droite, que, sur certains points, on peut voir à la distance d'une lieue ou d'une lieue et demie devant soi.

Inquiet, il pressait son cheval gagnant sur la voiture plus qu'il n'avait fait encore, et craignant que les habitants de Sainte-Menehould n'eussent pris ombrage des dragons de M. Dandoins, comme ceux de Pont-de-Sommevelle

avaient pris ombrage des hussards de
M. de Choiseul.

Il ne se trompait pas : la première
chose qu'il aperçut à Sainte-Menehould,
ce fut un grand nombre de gardes nationaux répandus dans les rues; — c'é-
taient les premiers que l'on eût rencon-
trés depuis Paris.

La ville tout entière paraissait être en
mouvement, et, dans le quartier opposé
à celui par lequel entrait Isidore, le tambour battait.

Le vicomte se lança par les rues sans
paraître s'inquiéter le moins du monde
de tout ce mouvement; il traversa la
grande place, et s'arrêta à la poste.

En traversant la grande place, il remarqua une douzaine de dragons en bonnet de police, assis sur un banc.

A quelques pas d'eux, à une fenêtre du rez-de-chaussée, était le marquis Dandoins, en bonnet de police aussi, et tenant une cravache à la main.

Isidore passa sans s'arrêter, et n'eut l'air de rien voir. Il présumait que M. Dandoins, sachant quel devait être le costume des courriers du roi, le reconnaîtrait, et, par conséquent, n'aurait pas besoin d'autre indice.

Un jeune homme de vingt-huit ans aux cheveux coupés à la Titus, comme les patriotes les portaient à cette époque ; aux favoris passant sous le cou et faisant le tour du visage, était sur la porte de la poste vêtu d'une robe de chambre.

Isidore cherchait à qui s'adresser.

— Que désirez-vous, monsieur ? lui demanda le jeune homme aux favoris noirs.

— Parler au maître de poste, dit Isidore.

— Le maître de poste est absent pour le moment, monsieur ; mais je suis son fils, Jean-Baptiste Drouet... si je puis le remplacer, parlez.

Le jeune homme avait appuyé sur ces

mots : « Jean-Baptiste Drouet, » comme s'il eût deviné que ces mots ou plutôt ces noms obtiendraient dans l'histoire une fatale célébrité.

— Je désire six chevaux de poste pour deux voitures qui me suivent.

Drouet fit un signe de tête qui voulait dire que le courrier allait obtenir ce qu'il désirait, et, passant de la maison dans la cour :

— Eh ! postillon ! cria-t-il, six chevaux pour deux voitures, et un bidet pour le courrier.

En ce moment, le marquis Dandoins entra vivement.

— Monsieur, dit-il en s'adressant à

Isidore, vous précédez la voiture du roi, n'est-ce pas ?

— Oui, monsieur, et je suis tout étonné de vous voir, vous et vos hommes en bonnets de police.

— Nous n'avons pas été prévenus, monsieur... D'ailleurs, des démonstrations très menaçantes se font tout autour de nous ; on essaie de débaucher mes hommes... que faut-il faire ?

— Mais, comme le roi va passer, surveiller la voiture, prendre conseil des circonstances, partir une demi-heure après la famille royale pour lui servir d'arrière-garde,

Puis, s'interrompant tout à coup :

— Silence ! fit Isidore, on nous épie... peut-être nous a-t-on entendus... Allez à votre escadron, et faites votre possible pour maintenir vos hommes dans le devoir.

En effet, Drouet est sur la porte de la cuisine, dans laquelle a lieu cette conversation.

M. Dandoins s'éloigne.

Au même moment, les coups de fouet retentissent ; la voiture du roi arrive, traverse la place, s'arrête devant la poste.

Au bruit qu'elle fait, la population se groupe avec curiosité à l'entour.

M. Dandoins, qui a à cœur d'expliquer au roi comment il le trouve, lui et ses hommes, au repos, au lieu de le trouver sous les armes, s'élance à sa portière, son bonnet de police à la main, et, avec toutes sortes de marques de respect, fait ses excuses au roi et à la famille royale.

Le roi, en lui répondant, montre, à plusieurs reprises, sa tête à la portière.

Isidore, le pied à l'étrier, est placé près de Drouet, qui regarde dans la voiture avec une attention profonde ; il a été, l'année d'auparavant, à la fédéraration : il a vu le roi, il croit le reconnaître.

Le matin, il a reçu une somme considérable en assignats ; il a examiné, les uns après les autres, ces assignats timbrés du portrait du roi, pour voir s'ils n'étaient pas faux, et ces timbres du roi, restés dans sa mémoire, semblent lui crier : « Cet homme qui est devant toi, c'est le roi ! »

Il tire un assignat de sa poche, compare à l'original le portrait gravé sur l'assignat, et murmure :

— Décidément, c'est lui !...

Isidore passe de l'autre côté de la voiture ; son frère couvre de son corps la portière, à laquelle s'accoude la reine.

— Le roi est reconnu, lui dit-il ; presse

le départ de la voiture, et regarde bien ce grand garçon brun... c'est le fils du maître de poste ; c'est lui qui a reconnu le roi; il se nomme Jean-Baptiste Drouet.

— Bien, dit Olivier, je veillerai... Pars!

Isidore s'élance au galop pour aller commander les chevaux à Clermont.

A peine est-il au bout de la ville, que, stimulés par les instances de MM. de Malden et de Valory, et la promesse d'un écu de guides, les postillons enlèvent la voiture, qui part au grand trot.

Le comte n'a pas perdu de vue Drouet.

Drouet n'a pas bougé ; seulement, il a parlé tout bas à un valet d'écurie.

Charny s'approche de lui.

— Monsieur, lui dit-il, n'avait-on pas commandé un cheval pour moi ?

— Si fait, monsieur, répond Drouet ; mais il n'y a plus de chevaux.

— Comment ! il n'y a plus de chevaux ? dit le comte ; mais qu'est-ce donc que ce cheval qu'on est en train de seller dans la cour ?

— C'est le mien.

— Ne pouvez-vous me le céder, monsieur ? Je paierai ce qu'il faudra.

— Impossible, monsieur; il se fait tard, et j'ai une course que je ne puis remettre.

Insister, c'est donner des soupçons; essayer de prendre le cheval de force, c'est tout compromettre.

Charny, d'ailleurs, a trouvé un moyen qui concilie tout.

Il a vu M. Dandoins, qui a suivi des yeux la voiture royale jusqu'au tournant de la rue.

M. Dandoins sent une main se poser sur son épaule.

Il se retourne.

— Chut! dit Olivier, c'est moi... le

comte de Charny... Il n'y a plus de cheval pour moi à la poste; démontez un de vos dragons, et donnez-moi son cheval : il faut que je suive le roi et la reine ; seul je sais où est le relai de M. de Choiseul, et, si je ne suis pas là, le roi reste à Varennes...

— Comte, répond M. Dandoins, ce c'est pas le cheval d'un de mes hommes que je vous donnerai, c'est un des miens.

— J'accepte... Le salut du roi et de la famille royale dépend du moindre accident : meilleur sera le cheval, meilleure sera la chance !

Et tous deux s'éloignent à travers les

rues, se dirigeant vers le logement du marquis Dandoins.

Avant de s'éloigner, Charny a chargé un maréchal-des-logis d'observer tous les mouvements de Drouet.

Par malheur, la maison du marquis est à cinq cents pas de la place : lorsque les chevaux seront sellés, on aura perdu au moins un quart d'heure ; nous disons les chevaux, car, de son côté, M. Dandoins va monter à cheval, et, selon l'ordre que lui a donné le roi, se replier derrière la voiture, et former arrière-garde.

Tout à coup, il semble à Charny qu'on entend de grands cris, et, mêlés à ces cris, les mots : « Le roi !... la reine !... »

Il s'élance hors de la maison en recommandant à M. Dandoins de lui faire conduire son cheval sur la place.

En effet, toute la ville est en tumulte. A peine MM. Dandoins et de Charny ont-ils eu quitté la place, que, comme si Drouet n'eût attendu que ce moment pour éclater :

— Cette voiture qui vient de passer, dit-il, c'est la voiture du roi... et le roi, la reine et les enfants de France sont dans cette voiture.

Et il s'est élancé à cheval.

Plusieurs de ses amis essaient de le

retenir. Où va-t-il? Que veut-il faire?
Quel est son projet?

Il leur répond tout bas :

— Le colonel et le détachement de
dragons étaient là.... Pas moyen d'arrêter le roi sans une collision qui pouvait
mal tourner pour nous! Ce que je n'ai
point fait ici, je le ferai à Clermont....
Retenez les dragons; voilà tout ce que je
vous demande!

Et il part au galop sur les traces du
roi.

C'est alors que le bruit se répand que
le roi et la reine étaient dans la voiture
qui vient de passer, et que les cris qui

parviennent jusqu'à Charny se font entendre.

A ces cris, le maire et la municipalité sont accourus, et le maire somme les dragons de rentrer à la caserne, attendu que huit heures viennent de sonner.

Charny a tout entendu ; le roi est reconnu ; Drouet est parti ! il trépigne d'impatience.

En ce moment, M. Dandoins le rejoint.

— Les chevaux ? les chevaux ? lui demande Charny du plus loin qu'il l'aperçoit.

— On les amène à l'instant, répond M. Dandoins.

— Avez-vous fait mettre des pistolets dans les fontes du mien?

— Oui.

— Tout est-il en état?

— Je les ai chargés moi-même.

— Bon! Maintenant, tout dépend de la vitesse de votre cheval... Il faut que je rejoigne un homme qui a déjà près d'un quart d'heure d'avance sur moi, et que je le tue.

— Comment! que vous le tuiez?

— Oui; si je ne le tue pas, tout est perdu!

— Mordieu ! allons au-devant des chevaux, alors !

— Ne vous occupez pas de moi ; occupez-vous de vos dragons, que l'on embauche pour la révolte.... Tenez, voyez-vous le maire qui les harangue ?... Vous non plus, vous n'avez pas de temps à perdre.... Allez ! allez !

En ce moment, le domestique arrive avec les deux chevaux, Charny saute, au hasard, sur celui qui se trouve le plus près de lui, arrache la bride des mains du domestique, rassemble les rênes, pique des deux, et part ventre à terre sur les traces de Drouet, sans trop comprendre les dernières paroles que lui jette le marquis Dandoins.

Ces dernières paroles, que le vent vient d'emporter, ont cependant bien leur importance.

— Vous avez pris mon cheval à la place du vôtre, a crié M. Dandoins; de sorte que les pistolets ne sont pas chargés!

VIII

Fatalité.

Cependant, la voiture du roi, précédée par Isidore, volait sur la route de Sainte-Menehould à Clermont.

Le jour baissait, comme nous l'avons dit; huit heures venaient de sonner, et la voiture entrait dans la forêt d'Argonne, posée à cheval sur la grande route.

Charny n'avait pu prévenir la reine du contre-temps qui le retenait en arrière, puisque la voiture royale était partie avant que Drouet lui eût répondu qu'il n'y avait plus de chevaux.

En sortant de la ville, la reine s'aperçut que son cavalier avait quitté la portière de sa voiture; mais il n'y avait moyen ni de ralentir la course, ni de questionner les postillons.

Dix fois peut-être elle se pencha hors de la voiture pour regarder en arrière; mais elle ne découvrit rien.

Une fois, elle crut distinguer un cavalier galoppant à une grande distance ; mais ce cavalier commençait déjà à se perdre dans les ombres naissantes de la nuit.

Pendant ce temps, — car, pour l'intelligence des évènements, et afin d'éclairer chaque point de ce terrible voyage, nous devons aller tour à tour d'un acteur à un autre, — pendant ce temps, c'est-à-dire tandis qu'Isidore, en courrier, précède la voiture d'un quart de lieue; tandis que la voiture suit la route de Sainte-Menehould à Clermont, et vient de s'engager dans la forêt d'Argonne; tandis que Drouet court après la voiture, et que Charny court après

Drouet, le marquis Dandoins rejoint sa troupe, et fait sonner le boute-selle.

Mais, quand les soldats essaient de se mettre en marche, les rues sont tellement encombrées de monde, que les chevaux ne peuvent faire un pas en avant.

Au milieu de cette foule, il y a trois cents gardes nationaux en uniforme et le fusil à la main.

Risquer le combat, — et tout annonce qu'il sera rude, — c'est perdre le roi.

Mieux vaut rester, et, en restant, retenir tout ce peuple. M. Dandoins parlemente avec lui; il demande aux meneurs ce qu'ils veulent, ce qu'ils désirent et pourquoi ces menaces et ces démonstrations hostiles. Durant ce temps, le roi gagnera Clermont, et y trouvera M. de Damas et ses cent quarante dragons.

S'il avait cent quarante dragons, comme M. de Damas, le marquis Dandoins tenterait quelque chose; mais il n'en a que trente. Que faire avec trente dragons contre trois ou quatre mille hommes?

Parlementer, et, nous l'avons dit, c'est ce qu'il fait.

A neuf heures et demie, la voiture du roi, qu'Isidore précède de quelques centaines de pas seulement, tant les postillons ont marché vite, arrive à Clermont. Elle n'a mis qu'une heure un quart pour faire les quatre lieues qui séparent une ville de l'autre.

Cela explique jusqu'à un certain point, à la reine, l'absence de Charny.

Il rejoindra au relai.

En avant de la ville, M. de Damas attend la voiture du roi. Il a été prévenu par Léonard; il reconnaît la livrée du courrier, et arrête Isidore.

— Pardon, monsieur, dit-il, c'est bien le roi que vous précédez?

— Et vous, monsieur, demande Isidore, vous êtes bien le comte Charles de Damas?

— Oui.

— Eh bien! monsieur, je précède, en effet, le roi. Rassemblez vos dragons, et escortez la voiture de Sa Majesté.

— Monsieur, répondit le comte, il souffle par les airs un vent d'insurrection qui m'effraie, et je suis obligé de vous avouer que je ne réponds pas de mes dragons, s'ils reconnaissent le roi... Tout ce que je puis vous promettre, c'est, quand la voiture sera passée, de me replier derrière elle, et de fermer la route.

— Faites de votre mieux, monsieur, dit Isidore ; voici le roi.

Et il montre, au milieu de l'obscurité, la voiture qui arrive, et dont on peut suivre la course aux étincelles qui jaillissent sous les pieds des chevaux.

Quant à lui, son devoir est de s'élancer en avant, et de commander les relais.

Cinq minutes après, il s'arrête devant l'hôtel de la poste.

Presque en même temps que lui arrivent M. de Damas et cinq ou six dragons.

Puis la voiture du roi.

La voiture suit Isidore de si près, qu'il n'a pas eu le temps de remonter à cheval. Cette voiture, sans être magnifique, est tellement remarquable, qu'un grand nombre de personnes commencent à s'attrouper devant la maison du maître de poste.

M. de Damas se tenait en face de la portière, sans faire paraître aucunement qu'il connût les illustres voyageurs.

Mais ni le roi ni la reine ne purent résister au désir de prendre des renseignements.

D'un côté, le roi fit signe à M. de Damas;

De l'autre, la reine fit signe à Isidore.

— C'est vous, monsieur de Damas? demanda le roi.

— Oui, Sire.

— Pourquoi donc vos dragons ne sont-ils pas sous les armes?

— Sire, Votre Majesté est en retard de cinq heures ; mon escadron était à cheval depuis quatre heures de l'après-midi ; j'ai traîné le plus longtemps possible ; mais la ville commençait à s'émouvoir ; mes dragons eux-mêmes faisaient des conjectures inquiétantes... Si la fermentation éclatait avant le passage de Votre

Majesté, le tocsin sonnait, et la route était barrée; je n'ai donc gardé qu'une douzaine d'hommes à cheval, et j'ai fait rentrer les autres dans leurs logements. Seulement, j'ai enfermé les trompettes chez moi, afin de leur faire sonner à cheval au premier besoin. Du reste, Votre Majesté voit que tout est pour le mieux, puisque la route est libre.

— Très bien, monsieur, dit le roi, vous avez agi en homme prudent... Moi parti, vous ferez sonner le boute-selle, et vous suivrez la voiture à un quart de lieue à peu près.

— Sire, dit la reine, voulez-vous écouter ce que dit M. Isidore de Charny?

— Et que dit-il? demanda le roi avec une certaine impatience.

— Il dit, Sire, que vous avez été reconnu par le fils du maître de poste de Sainte-Menehould; qu'il en est sûr; qu'il a vu ce jeune homme, un assignat à la main, s'assurer de la ressemblance de votre portrait en le comparant à vous-même; que son frère, prévenu par lui, est resté en arrière, et que, sans doute, il se passe quelque chose de grave en ce moment, puisque nous ne voyons pas revenir M. le comte de Charny.

— Alors, si nous avons été reconnus, raison de plus de nous hâter, madame.
— Monsieur Isidore, pressez les postillons, et courez devant...

Le cheval d'Isidore était prêt; le jeune homme s'élança en selle en criant aux postillons :

— Route de Varennes !

Les deux gardes du corps assis sur le siége répétèrent : « Route de Varennes ! »

M. de Damas se recula en saluant respectueusement le roi, et les postillons lancèrent leurs chevaux.

La voiture avait été relayée en un clin-d'œil, et s'éloignait avec la rapidité de l'éclair.

En sortant de la ville, elle croisa un

maréchal-des-logis de hussards qui y entrait.

M. de Damas avait eu un instant l'idée de suivre la voiture du roi avec les quelques hommes qu'il avait disponibles; mais le roi venait de lui donner des ordres tout à fait contraires; il crut devoir se conformer à ces ordres, d'autant plus qu'une certaine émotion commençait à se répandre dans la ville : les bourgeois couraient de maisons en maisons; les fenêtres s'ouvraient; on y voyait apparaître et des têtes et des lumières. M. de Damas se préoccupa d'une seule chose, du tocsin qui pouvait être sonné, et il courut à l'église, dont il garda la porte.

D'ailleurs, M. Dandoins allait arriver

d'un instant à l'autre avec ses trente hommes, et le renforcerait d'autant.

Cependant, tout paraissait se calmer. Au bout d'un quart d'heure, M. de Damas revint sur la place; il y trouva son chef d'escadron, M. de Noirville; il lui donna ses instructions pour la route, et lui commanda de faire mettre ses hommes sous les armes.

En ce moment, on vint prévenir M. de Damas qu'un sous-officier de dragons expédié par M. Dandoins l'attendait à son logement.

Ce sous-officier venait lui annoncer qu'il ne devait attendre ni M. Dandoins, ni ses dragons, M. Dandoins étant retenu à la municipalité par les habitants de Sainte-Menehould ; qu'en outre, — ce que M. de Damas savait déjà, — Drouet était parti à franc étrier pour suivre la voiture, qu'il n'avait probablement pas pu rejoindre, puisqu'on ne l'avait point vu à Clermont.

M. de Damas en était là des renseignements donnés par le sous-officier du régiment royal, quand on lui annonça une ordonnance des hussards de Lauzun.

Cette ordonnance était expédiée par M. de Rohrig, commandant, avec MM. de Bouillé fils et de Raigecourt, le poste de Varennes. Inquiets de voir s'écouler les heures sans que personne arrivât, ces braves gentilshommes envoyaient auprès de M. de Damas, pour savoir s'il avait quelques nouvelles du roi.

— Dans quel état avez-vous laissé le poste de Varennes ? demanda d'abord M. de Damas.

— Parfaitement tranquille, répondit l'ordonnance.

— Où sont les hussards ?

— A la caserne, avec les chevaux tout sellés.

— N'avez-vous donc rencontré aucune voiture sur la route ?

— Si fait; une voiture à quatre chevaux, et une autre à deux.

— Ce sont les voitures dont vous veniez chercher des nouvelles. Tout va bien, dit M. de Damas.

Sur quoi, il rentra chez lui, et donna l'ordre aux trompettes de sonner le boute-selle.

Il se préparait à suivre le roi et à lui prêter main-forte à Varennes, s'il en était besoin.

Cinq minutes après, les trompettes sonnaient.

Tout allait donc pour le mieux, à part

l'incident qui retenait à Sainte-Menehould les trente hommes de M. Dandoins.

Mais, avec ses cent quarante dragons, M. de Damas se passerait de ce surcroît de forces.

Revenons à la voiture du roi, qui, au lieu de suivre, en partant de Clermont, la ligne droite qui conduit à Verdun, a tourné à gauche, et roule sur la route de Varennes.

Nous avons dit la situation topographique de la ville de Varennes, divisée en ville haute et en ville basse ; nous avons dit comment il avait été décidé qu'on relaierait à l'extrémité de la ville, du côté de Dun, et comment, pour arriver là, il fallait quitter la route qui montait la côte, prendre la route qui conduisait au pont, traverser ce pont en passant sous la voûte de la tour, et atteindre le relai de M. de Choiseul, autour duquel devaient veiller MM. de Bouillé et de Raigecourt. Quant à M. de Rohrig, jeune officier de dix-huit ans, on ne l'avait pas mis dans la confidence, et il croyait être venu là pour escorter le trésor de l'armée.

D'ailleurs, arrivé à ce point difficile, on se le rappelle, c'est Charny qui doit guider la voiture royale dans le dédale des rues; Charny est resté quinze **jours**

à Varennes; il a tout étudié, tout relevé;
pas une borne qui ne lui soit connue,
pas une ruelle qui ne lui soit familière.

Par malheur, Charny n'est point là.

Aussi, chez la reine, l'inquiétude est-
elle double. Pour que Charny, dans une
pareille circonstance, ne rejoigne pas la
voiture, il faut qu'il lui soit arrivé quelque grave accident.

En approchant de Varennes, le roi
lui-même s'inquiète; comptant sur Charny, il n'a pas même emporté le plan de
la ville.

Puis la nuit est absolument sombre,

éclairée par les seules étoiles ; c'est une de ces nuits où il est facile de s'égarer même dans les localités connues, à plus forte raison dans les détours d'une ville étrangère.

La consigne d'Isidore, — consigne donnée par Charny lui-même, — était de s'arrêter en avant de la ville.

Là, son frère le relaierait, et, comme nous l'avons dit, reprendrait la conduite de la caravane.

Mais, comme la reine, et autant que la reine peut-être, Isidore était inquiet de l'absence de son frère. La seule espérance qui lui restât, c'est que M. de

Bouillé ou M. de Raigecourt, dans leur impatience, fussent venus au-devant du roi, et attendissent en deçà de Varennes.

Depuis deux ou trois jours qu'ils étaient dans la ville, ils la connaîtraient et serviraient, alors, facilement de guides.

Aussi, en arrivant au bas de la colline, en voyant deux ou trois rares lumières qui brillaient par la ville, Isidore s'arrêta irrésolu, jeta les yeux autour de lui, cherchant à percer l'obscurité de son regard.

Il ne vit rien.

Alors, il appela à voix basse, puis à

voix plus haute, puis enfin à pleine voix MM. de Bouillé et de Raigecourt.

Personne ne répondit.

On entendait le roulement de la voiture, qui arrivait, à un quart de lieue, comme un tonnerre lointain se rapprochant peu à peu.

Une idée vint à Isidore. Peut-être ces messieurs étaient-ils cachés dans la lisière de la forêt qui longeait la gauche du chemin.

Il entra dans la forêt, explora toute cette lisière.

Personne !

Il n'y avait pas autre chose à faire que d'attendre, et il attendit.

Au bout de cinq minutes, la voiture du roi l'avait rejoint.

Les deux têtes du roi et de la reine passaient aux deux côtés de la voiture.

Leurs deux voix demandèrent en même temps :

— Vous n'avez pas vu le comte de Charny?

— Sire, répondit Isidore, je ne l'ai pas vu, et, puisqu'il n'est point ici, il faut que, dans la poursuite du malheureux Drouet, il lui soit arrivé quelque accident grave.

La reine poussa un gémissement.

— Que faire? dit le roi.

Puis, s'adressant aux deux gardes-du-corps, qui avaient mis pied à terre :

— Connaissez-vous la ville, messieurs? demanda-t-il.

Personne ne la connaissait, et la réponse fut négative.

— Sire, dit Isidore, tout est silencieux, et, par conséquent, tout paraît tranquille… Que Votre Majesté veuille bien attendre ici dix minutes ; je vais entrer dans la ville, et tâcher d'avoir des nouvelles de MM. de Bouillé et de Raigecourt, ou tout au moins du relai de M. de Choiseul… Votre Majesté ne se rappelle pas le nom de l'auberge où les chevaux doivent l'attendre ?

— Hélas! non, dit le roi ; je l'ai su, mais je l'ai oublié. N'importe, allez toujours ; nous allons, pendant ce temps, tâcher de prendre ici quelques renseignements.

Isidore s'élança dans la direction de la ville basse, et disparut bientôt derrière les premières maisons.

IX

Jean-Baptiste Drouet.

Ce mot du roi : « Nous allons prendre ici quelques renseignements, » était expliqué par la présence de deux ou trois maisons, sentinelles avancées de la ville haute, et qui s'étendaient sur la droite de la route.

L'une de ces maisons, la plus proche, s'était même ouverte au bruit des deux voitures, et l'on avait aperçu de la lumière à travers l'entrebâillement de la porte.

La reine descendit, prit le bras de M. de Malden, et se dirigea vers la maison.

Mais, à leur approche, la porte se referma.

Cependant, cette porte n'avait point été repoussée si vite, que M. de Malden, qui s'était aperçu des intentions peu hospitalières du maître du logis, n'eût eu le temps de s'élancer, et n'eût arrêté la porte avant que le pêne fût entré dans la gâche.

Sous la secousse de M. de Malden, et quoiqu'on tentât de la repousser, la porte s'ouvrit.

Derrière la porte, et faisant effort pour la fermer, était un homme d'une cinquantaine d'années, jambes nues, vêtu d'une robe de chambre, et les pieds dans des pantoufles.

Ce ne fut pas sans un certain étonnement, on le comprend bien, que l'homme à la robe de chambre se sentit repoussé dans sa maison, et vit sa porte s'ouvrir sous la pression d'un inconnu derrière lequel se tenait une femme.

L'homme à la robe de chambre jeta un regard rapide sur la reine, dont le visage était éclairé par la lumière qu'il tenait à la main, et il tressaillit.

— Que voulez-vous, monsieur? demanda-t-il à M. de Malden.

— Monsieur, répondit le garde-du-corps, nous ne connaissons pas Varennes, et nous vous prions d'être assez bon pour nous indiquer le chemin de Stenay.

— Et si je le fais, dit l'inconnu, et si l'on sait que je vous ai donné ce renseignement, et si, pour vous l'avoir donné, je suis perdu !

— Ah! monsieur, dit le garde-du-corps, dussiez-vous courir quelque risque à nous rendre ce service, vous êtes trop courtois pour ne pas obliger une femme qui se trouve dans une dangereuse position...

— Monsieur, répondit l'homme à la robe de chambre, la personne qui est derrière vous n'est pas une femme; mais — et il s'approcha de l'oreille de M. de Malden, et lui dit tout bas : — c'est la reine!

— Monsieur...

— Je l'ai reconnue.

La reine, qui avait entendu ou qui

avait deviné ce que l'on venait de dire, tira M. de Malden en arrière.

— Avant d'aller plus loin, dit-elle, prévenez le roi que je suis reconnue.

M. de Malden, en une seconde, eut accompli cette commission.

— Eh bien, dit le roi, priez cet homme de venir me parler.

M. de Malden revint; puis, pensant qu'il était inutile de dissimuler :

— Le roi désire vous parler, monsieur, dit-il.

L'homme poussa un soupir, quitta ses pantoufles, et, pieds nus, pour faire moins de bruit, s'avança vers la portière.

— Votre nom, monsieur, lui demanda le roi tout d'abord.

— M. de Préfontaine, Sire, répondit-il en hésitant.

— Qu'êtes-vous ?

— Major de cavalerie, et chevalier de l'ordre royal et militaire de Saint-Louis.

— En votre double qualité de major et

de chevalier de Saint-Louis, monsieur, vous m'avez fait deux fois serment de fidélité. Il est donc de votre devoir de m'aider dans l'embarras où je me trouve.

— Certainement, répondit le major en balbutiant ; mais je supplie Votre Majesté de se hâter... on pourrait me voir.

— Eh ! monsieur, dit M. de Malden, quand on vous verrait, tant mieux ! vous n'aurez jamais plus belle occasion de faire votre devoir.

Le major, dont cela ne paraissait point être l'avis, poussa une espèce de gémissement.

La reine haussait les épaules de pitié, et frappait du pied avec impatience.

Le roi lui fit un signe ; puis, s'adressant au major :

— Monsieur, reprit-il, auriez-vous entendu dire, par hasard, que des chevaux attendissent une voiture qui doit passer, et avez-vous vu des hussards qui stationnent dans la ville depuis hier?

— Oui, Sire, chevaux et hussards sont de l'autre côté de la ville : les chevaux, à l'hôtel du Grand-Monarque ; les hussards, probablement à la caserne.

— Merci, monsieur ; maintenant, rentrez chez vous... Personne ne vous a vu ; il ne vous arrivera donc rien.

— Sire...

Le roi, sans en écouter davantage, tendit la main à la reine pour qu'elle remontât en voiture, et, s'adressant aux gardes-du-corps, qui attendaient ses ordres.

— Messieurs, dit-il, sur votre siége, et au Grand-Monarque !

Les deux officiers reprirent leur place, et crièrent aux postillons : « Au Grand-Monarque ! »

Mais, au même instant, une espèce

d'ombre à cheval, un cavalier fantastique s'élança du bois, et, coupant la route en diagonale :

— Postillons! cria-t-il, pas un pas de plus!

— Pourquoi cela? demandèrent les postillons étonnés.

— Parce que vous conduisez le roi, qui s'enfuit... Mais, au nom de la nation, je vous ordonne de ne pas bouger!

Les postillons, qui avaient déjà fait un mouvement pour enlever la voiture, s'arrêtèrent en murmurant :

— Le roi!...

Louis XVI vit que l'instant était suprême.

— Qui donc êtes-vous, monsieur, s'écria-t-il, pour donner des ordres ici?

— Un simple citoyen... seulement, je représente la loi, et je parle au nom de la nation. — Postillons, ne bougez pas, je vous l'ordonne une seconde fois... Vous me connaissez bien, je suis Jean-Baptiste Drouet, fils du maître de poste de Sainte-Menehould.

— Oh! le malheureux! crièrent les deux gardes en se précipitant de leur siége, et en mettant le couteau de chasse à la main, — c'est lui!

— Mais, avant qu'ils eussent mis pied à terre, Drouet avait enfoncé les éperons dans le ventre de son cheval, et s'était élancé dans les rues de la ville basse.

— Ah! Charny! Charny! murmura la reine; qu'est-il devenu?

Et elle se laissa aller au fond de la voiture, presque indifférente à ce qui allait se passer.

Qu'était-il arrivé de Charny, et comment avait-il laissé passer Drouet?

La fatalité, toujours!

Le cheval de M. Dandoins était bon

coureur; mais Drouet avait près de vingt minutes sur lui.

Il fallait rattraper ces vingt minutes.

Charny enfonça ses éperons dans le ventre de son cheval ; le cheval bondit, souffla la fumée par ses naseaux, et partit à fond de train.

Drouet, de son côté, sans savoir même s'il était ou non poursuivi, allait ventre à terre.

Seulement, Drouet avait un bidet de poste, et Charny avait un cheval de sang.

Il en résulta qu'au bout d'une lieue, Charny avait gagné le tiers du chemin sur Drouet.

Alors, Drouet s'aperçut qu'il était poursuivi, et redoubla d'efforts pour échapper à celui qui menaçait de l'atteindre.

A la fin de la seconde lieue, Charny avait continué de gagner dans la même proportion, et Drouet se retournait plus souvent, et avec une inquiétude croissante.

Drouet était parti si rapidement, qu'il était parti sans armes.

Or, le jeune patriote ne craignait pas la mort,—il l'a bien prouvé depuis,—mais il craignait d'être arrêté dans sa course; il craignait de laisser fuir le roi; il craignait que cette fatale occasion qui lui était offerte d'illustrer à tout jamais son nom ne lui échappât.

Il avait encore deux lieues à faire avant d'arriver à Clermont; mais il était évident qu'il serait rejoint à la fin de la première lieue, ou plutôt de la troisième depuis son départ de Sainte-Menehould.

Et, cependant, pour stimuler son ardeur, il sentait devant lui la voiture du roi. Nous disons *il sentait,* car il était, en effet, quelque chose comme neuf heures et demie du soir, et, quoiqu'on fût dans les plus longs jours de l'année, la nuit commençait à tomber.

Drouet redoubla ses coups d'éperon et ses coups de fouet.

Il n'était plus qu'à trois quarts de lieue de Clermont ; mais Charny n'était plus qu'à deux cents pas de lui.

Sans aucun doute, — Drouet savait qu'il n'y avait pas de poste à Varennes, — sans aucun doute, le roi allait continuer sa route par Verdun.

Drouet commençait à désespérer : avant de rejoindre le roi, il serait rejoint lui-même.

A une demi-lieue de Clermont, il entendait le galop du cheval de Charny pressant le sien, et les hennissements du cheval de Charny répondant aux hennissements de son cheval.

Il fallait renoncer à sa poursuite, ou se décider à faire face à son adversaire; nous l'avons dit, Drouet n'avait point d'armes.

Tout-à-coup, comme Charny n'est plus qu'à cinquante pas de lui, des postillons revenant sur des chevaux dételés croisent Drouet; Drouet les reconnaît pour ceux qui conduisaient les voitures du roi.

— Ah! dit il, c'est vous... Route de Verdun, n'est-ce pas?

— Quoi, route de Verdun? demandent les postillons.

— Je dis, répète Drouet, que les voitures que vous avez conduites ont pris la route de Verdun.

Et il les dépasse, pressant son cheval par un dernier effort.

— Non, lui crient les postillons; la route de Varennes!

Drouet pousse un rugissement de joie.

Il est sauvé, et le roi est perdu!

Si le roi eût suivi la route de Verdun,

il était obligé, lui, — le chemin tirant une ligne droite de Sainte-Menehould à Verdun, — il était obligé, disons-nous, de suivre la ligne droite.

Mais le roi a pris la route de Varennes ; à Clermont, la route de Varennes se jette à gauche à angle presque aigu.

Drouet s'élance dans la forêt d'Argonne, dont il connaît tous les détours. En coupant à travers le bois, il gagnera un quart-d'heure sur le roi ; en outre, l'obscurité de la forêt le protègera.

Charny, qui connaît la topographie générale du pays presque aussi bien que Drouet, comprend que Drouet lui échappe, et jette à son tour un cri de colère.

Presque en même temps que Drouet, il pousse son cheval dans l'étroite plaine qui sépare la route de la forêt en criant :

— Arrête! arrête!

Mais Drouet se garde bien de répondre ; il se penche sur le cou de son cheval, l'excitant des éperons, de la cravache, de la voix. Qu'il atteigne le bois, c'est tout ce qu'il lui faut, il est sauvé !

Il atteindra le bois ; seulement, pour l'atteindre, il passera à dix pas de Charny.

Charny prend un de ses pistolets, vise Drouet.

— Arrête, lui dit-il, ou tu es mort!

Drouet se penche plus bas sur le cou de son cheval, et le presse plus fort.

Charny lâche la détente, mais les étincelles de la pierre s'abattant sur la batterie brillent seules dans l'obscurité.

Charny, furieux, lance son pistolet sur Drouet, prend le second, se jette dans le bois à la suite du fugitif, l'entrevoit à travers les arbres, fait feu de nouveau ; mais, comme la première fois, son pistolet rate.

C'est alors qu'il se souvient que, lorsqu'il s'éloignait au galop, M. Dandoins lui a crié quelque chose qu'il n'a pas compris.

— Ah! dit-il, je me suis trompé de cheval, et sans doute il m'a crié que les pistolets du cheval que je prenais n'étaient point chargés... N'importe, je rejoindrai ce misérable, et, s'il le faut, je l'étoufferai de mes mains!

Et il se remet à la poursuite de l'ombre qu'il entrevoit encore au milieu de l'obscurité.

Mais à peine a-t-il fait cent pas dans cette forêt qu'il ne connaît point, que son cheval s'abat dans un fossé ; Charny roule par-dessus sa tête, se relève, saute de nouveau en selle ; — mais Drouet a disparu !

Voilà comment Drouet a échappé à Charny ; voilà comment il vient de passer sur la grande route, pareil à un fantôme menaçant, et commandant aux postillons qui conduisent le roi de ne pas faire un pas de plus.

Les postillons se sont arrêtés, car Drouet les a adjurés au nom de la nation, qui commence à être plus puissant que le nom du roi.

A peine Drouet s'est-il enfoncé dans la

ville basse, qu'en échange du galop de son cheval qui s'éloigne, on entend le galop d'un cheval qui se rapproche.

Par la même rue que Drouet a prise, Isidore reparaît.

Ses renseignements sont les mêmes que ceux qui ont été donnés par M. de Préfontaine :

Les chevaux de M. de Choiseul, et MM. de Bouillé et de Raigecourt sont à l'autre extrémité de la ville, à l'hôtel du Grand-Monarque.

Le troisième officier, M. de Rohrig, est à la casrene avec les hussards.

Un garçon de café qui fermait son établissement lui a donné ces détails comme précis.

Mais, au lieu de la joie qu'il croit apporter aux illustres voyageurs, il les trouve plongés dans la stupeur la plus profonde.

M. de Préfontaine se lamente; les deux gardes du corps menacent quelque chose d'invisible et d'inconnu.

Isidore s'arrête au milieu de son récit.

— Qu'est-il donc arrivé, messieurs? demande-t-il.

— N'avez-vous pas vu, dans cette rue, un homme qui passait au galop?

— Oui, Sire, dit Isidore.

— Eh bien, cet homme, c'est Drouet, dit le roi.

— Drouet! s'écrie Isidore avec un profond déchirement de cœur; alors... mon frère est mort!

La reine jette un cri, et cache sa tête entre ses mains.

X

La tour de péage du pont de Varennes

Il y eut un instant d'inexprimable accablement parmi tous ces malheureux, menacés d'un danger inconnu mais terrible, et arrêtés sur la grande route.

Isidore en sortit le premier.

— Sire, dit-il, mort ou vivant, ne pensons plus à mon frère; pensons à Votre Majesté. Il n'y a pas un instant à perdre! Les postillons connaissent l'hôtel du Grand-Monarque... au galop, à l'hôtel du Grand-Monarque!

Mais les postillons ne bougèrent pas.

— N'avez-vous pas entendu? leur demanda Isidore.

— Si fait.

— Eh bien, pourquoi ne partons-nous pas?

— Parce que M. Drouet l'a défendu.

— Comment, M. Drouet l'a défendu?
Et, quand le roi commande, et que
M. Drouet défend, vous obéissez à
M. Drouet?

— Nous obéissons à la nation.

— Allons, messieurs, dit Isidore à ses
deux compagnons, il y a des moments où
la vie d'un homme ne compte pour rien...
Chargez-vous chacun d'un de ces hommes, je me charge, moi, de celui-ci...
nous conduirons nous-mêmes.

Et il prend au collet le postillon le
plus proche de lui, et lui appuie la
pointe de son couteau de chasse sur la
poitrine.

La reine voit briller les trois lames, et jette un cri.

— Messieurs, dit-elle, messieurs, par grâce !...

Puis, aux postillons :

— Mes amis, dit-elle, cinquante louis à partager tout de suite entre vous trois, et une pension de cinq cents francs chacun, si vous sauvez le roi !

Soit qu'ils eussent été effrayés par la démonstration des trois jeunes gens, soit qu'ils fussent séduits par l'offre, les postillons enlèvent leurs chevaux, et reprennent leur chemin.

M. de Préfontaine rentre chez lui tremblant, et se barricade.

Isidore galoppe devant la voiture; il s'agit de traverser la voûte et de passer le pont; la voûte traversée et le pont passé, en cinq minutes on sera à l'hôtel du Grand-Monarque.

La voiture descend à fond de train la côte qui conduit à la ville basse.

Mais, en arrivant à la voûte qui donne sur le pont et qui passe sous la tour, on s'aperçoit qu'un des battants de la porte est fermé.

On ouvre ce battant: deux ou trois charrettes barrent le pont.

— A moi, messieurs! dit Isidore en sautant à bas de son cheval, et en rangeant les charrettes.

En ce moment, on entend les premiers battements du tambour, et les premières volées du tocsin.

Drouet fait son œuvre.

— Ah! misérable! s'écrie Isidore en grinçant des dents, si je te retrouve!

Et, par un effort inouï, il pousse de côté une des deux charrettes, tandis que M. de Malden et M. de Valory poussent l'autre.

Une troisième reste en travers.

— A nous, la dernière, dit Isidore.

Et, en même temps, la voiture s'engage sous la voûte.

Tout à coup, entre les ridelles de la troisième charrette, on voit passer les canons de quatre ou cinq fusils.

— Pas un pas, ou vous êtes morts, messieurs! dit une voix.

— Messieurs, messieurs, dit le roi en mettant la tête à la portière, n'essayez point de forcer le passage, je vous l'ordonne.

Les deux officiers et Isidore font un pas en arrière.

— Que nous veut-on? demanda le roi.

En même temps, on entend un cri d'effroi poussé dans la voiture.

Outre les hommes qui interceptent le passage du pont, deux ou trois autres se sont glissés derrière la voiture, et les canons de plusieurs fusils se montrent aux portières.

Un d'eux est dirigé sur la poitrine de la reine.

Isidore à tout vu. Il s'élance, saisit le canon du fusil, et l'écarte.

— Feu! feu! crient plusieurs voix.

Un des hommes armés obéit; heureusement, son fusil rate.

Isidore lève le bras, et va le poignarder avec son couteau de chasse; la reine lui arrête le bras.

—Ah! madame, s'écrie Isidore furieux, au nom du ciel, laissez-moi donc charger cette canaille!

— Non, monsieur, dit la reine, le sabre au fourreau! entendez-vous?

Isidore obéit à moitié. Il laisse retomber son couteau de chasse, mais ne le remet pas au fourreau.

— Ah! si je rencontre Drouet! murmura-t-il.

— Quant à celui-là, dit la reine à demi-voix, et lui serrant la main avec une force étrange, quant à celui-là, je vous le livre!

— Mais, enfin, messieurs, répéta le roi, que voulez-vous?

— Nous voulons voir les passe-ports, répondirent deux ou trois voix.

— Les passe-ports? soit, dit le roi; allez chercher les autorités de la ville, et nous les leur montrerons.

— Ah! par ma foi! voilà bien des façons! s'écria, en mettant en joue le roi, l'homme dont le fusil avait déjà raté.

Mais les deux gardes du corps se jetèrent sur lui, et le terrassèrent.

Dans la lutte, le fusil partit; mais la balle n'atteignit personne.

— Holà! cria une voix, qui a tiré?

L'homme foulé aux pieds par les gardes du corps poussa un rugissement en criant :

— A moi!

Les cinq ou six autres hommes armés accoururent à son secours.

Les gardes du corps tirèrent leurs couteaux de chasse, et s'apprêtèrent à combattre.

Le roi et la reine faisaient d'inutiles efforts pour arrêter les uns et les autres. La lutte allait commencer terrible, acharnée, mortelle.

En ce moment, deux hommes se précipitèrent au milieu de la mêlée, l'un ceint d'une écharpe tricolore, l'autre vêtu d'un uniforme.

L'homme à l'écharpe tricolore, c'était le procureur de la commune Sausse.

L'homme vêtu de l'uniforme, c'était le commandant de la garde nationale Hannonet.

Derrière eux, on voyait briller, à la lueur de deux ou trois torches, une vingtaine de fusils.

Le roi comprit que dans ces deux hommes était, sinon un secours, au moins une garantie.

— Messieurs, dit-il, je suis prêt à me confier à vous ainsi que les personnes qui m'accompagnent; mais défendez-nous des brutalités de ces gens.

Et il montrait les hommes armés de fusils.

— Bas les armes, messieurs! s'écria Hannonet.

Les hommes obéirent en grondant.

—Vous nous excuserez, monsieur, dit le procureur de la commune s'adressant au roi; mais le bruit s'est répandu que sa majesté Louis XVI était en fuite, et il est de notre devoir de nous assurer si c'est vrai.

— Vous assurer si c'est vrai? s'écria Isidore. Si c'est vrai que cette voiture renferme le roi, vous devez être aux pieds du roi ; si, au contraire, elle ne renferme qu'un simple particulier, de quel droit l'arrêtez-vous?

— Monsieur, dit Sausse continuant de s'adresser au roi, c'est à vous que je parle ; voulez-vous me faire l'honneur de me répondre?

— Sire, dit tout bas Isidore, gagnez du temps : M. de Damas et ses dragons nous suivent, sans doute, et ne tarderont pas à arriver.

— Vous avez raison, dit le roi.

Puis, répondant à Sausse :

— Et, si nos passeports sont en règle,

monsieur, dit-il, nous laisserez-vous poursuivre notre route?

— Sans doute, dit Sausse.

— Eh bien! alors, madame la baronne, dit le roi s'adressant à madame de Tourzel, ayez la bonté de chercher votre passeport, et de le donner à ces messieurs.

Madame de Tourzel comprit ce que le roi voulait dire par ces mots : « Ayez la bonté de chercher votre passeport. »

Elle se mit, en effet, à le chercher, mais dans les poches où il n'était pas.

— Eh! dit une voix impatiente et

pleine de menaces, vous voyez bien qu'ils n'en ont point, de passeports!

— Si fait, messieurs, dit la reine, nous en avons un; mais, ignorant qu'on allait nous le demander, madame la baronne de Korff ne sait plus ce qu'elle en a fait.

Une espèce de huée s'éleva dans la foule indiquant qu'elle n'était pas dupe du subterfuge.

— Il y a quelque chose de plus simple que tout cela, dit Sausse. Postillons, conduisez la voiture devant mon magasin; ces messieurs et ces dames entreront chez moi, et le tout s'éclaircira....

Postillons, en avant! — Messieurs les gardes nationaux, escortez la voiture.

Cette invitation ressemblait trop à un ordre pour qu'on essayât de s'y soustraire.

D'ailleurs, l'eût-on tenté, on n'eût probablement pas réussi. Le tocsin continuait de sonner, le tambour continuait de battre, et la foule qui entourait la voiture augmentait à chaque instant.

La voiture se remit en marche.

— Oh! M. de Damas! M. de Damas! murmura le roi; pourvu qu'il arrive avant que nous soyons à cette maison maudite!

La reine ne disait rien ; elle pensait à Charny, étouffait ses soupirs, et retenait ses larmes.

On arriva à la porte du magasin de Sausse sans avoir entendu parler de M. de Damas.

Qu'était-il donc advenu de ce côté-là, et qui empêchait ce gentilhomme, sur le dévoûment duquel on savait pouvoir compter, d'accomplir les ordres qu'il avait reçus et la promesse qu'il avait faite?

Nous allons le dire en deux mots, pour que sorte à tout jamais de l'obscurité chaque point de cette lugubre histoire (1).

(1) « L'histoire de ce moment tragique où le roi fut arrêté est et sera toujours imparfaitement connue. Les principaux historiens du voyage de Varennes n'ont rien su que par ouï-dire. MM. de Bouillé père et fils n'étaient point là; MM. de Choiseul et de Goguelat n'arrivèrent qu'une heure après le moment fatal; M. Deslons, plus tard encore. » (MICHELET.)

FIN DU NEUVIÈME VOLUME.

TABLE

DU NEUVIÈME VOLUME.

Chap. I. Double vue.............	1
II. La soirée du 20 juin........	59
III. Le départ............	79
IV. Une question d'étiquette.......	119
V. La route............	151
VI. Fatalité............	179
VII. Fatalité............	209
VIII. Fatalité............	233
IX. Jean-Baptiste Drouet.......	261
X. La tour de péage du pont de Varennes.	289

Sceaux. Impr. de E. Dépée.

EN VENTE :

L'INSTITUTRICE, Par EUGÈNE SUE, 4 volumes.

LE BOUT DE L'OREILLE, Par A. DE GONDRECOURT, 7 volumes.

FAUSTINE ET SYDONIE, Par MADAME CHARLES REYBAUD, 3 volumes.

LES PRINCES D'ÉBÈNE, Par G. DE LA LANDELLE, 5 volumes.

GEORGES III, Par LÉON GOZLAN, 3 volumes.

UN CAPRICE DE GRANDE DAME, Par LE MARQUIS DE FOUDRAS,
Nouvelle édition revue et augmentée, 3 vol. in-18, format anglais.

UNE VIEILLE MAITRESSE, Par JULES BARBEY D'AUREVILLY, 3 volumes.

LE CAPITAINE LA CURÉE, Par LE MARQUIS DE FOUDRAS, 4 volumes.

LA FÉE DES GRÈVES, Par PAUL FÉVAL, 3 volumes.

LES OUVRIERS DE PARIS, Par ANDRÉ THOMAS, 4 volumes.

Impr. de E. Dépée, à Sceaux.

www.ingramcontent.com/pod-product-compliance
Lightning Source LLC
Chambersburg PA
CBHW060409170426
43199CB00013B/2062